_____ 님의 소중한 미래를 위해
이 책을 드립니다.

NFT 초보자가
가장 알고 싶은
최다질문
TOP50

암호학 최고 전문가 김승주 교수가 알려주는 NFT의 모든 것

NFT 초보자가 가장 알고 싶은 최다질문

TOP 50

김승주 지음

메이트북스

메이트북스   우리는 책이 독자를 위한 것임을 잊지 않는다.
우리는 독자의 꿈을 사랑하고,
그 꿈이 실현될 수 있는 도구를 세상에 내놓는다.

NFT 초보자가 가장 알고 싶은 최다질문 TOP 50

초판 1쇄 발행 2022년 5월 20일 | **초판 2쇄 발행** 2022년 6월 10일 | **지은이** 김승주
펴낸곳 ㈜원앤원콘텐츠그룹 | **펴낸이** 강현규 · 정영훈
책임편집 박은지 | **편집** 안정연·남수정 | **디자인** 최정아
마케팅 김형진 · 서정윤 · 차승환 | **경영지원** 최향숙 | **홍보** 이선미 · 정채훈
등록번호 제301－2006－001호 | **등록일자** 2013년 5월 24일
주소 04607 서울시 중구 다산로 139 랜더스빌딩 5층 | **전화** (02)2234－7117
팩스 (02)2234－1086 | **홈페이지** matebooks.co.kr | **이메일** khg0109@hanmail.net
값 18,000원 | **ISBN** 979-11-6002-373-2 03320

"뭔가를 항상 하고 있어라.
빈둥거리면서 구상만 하고 있다면
아무것도 이룰 수 없을 것이다."

• 마르쿠스 페르손 •

실제로 NFT를 보신 적이 있습니까?

"실제로 NFT를 보신 적이 있습니까?"

인터뷰 요청이나 투자 관련 자문 요청이 들어오면 기자들이나 투자자들께 제가 가장 많이 되묻는 질문입니다.

대체불가능토큰 혹은 Non-Fungible Token이라고도 불리는 NFT의 열기가 뜨겁습니다. NFT 시장분석업체 넌펀저블닷컴(Nonfungible.com)의 발표에 따르면, 연간 NFT 거래액은 2019년 3,676만 달러, 2020년 6,756만 달러, 2021년 112억 9,738만 달러(2021년은 12월 12일까지의 자료)로 가파르게 증가하고 있다고 합니다. 언론에서는 하루가 멀다 하고 관련 기사를 내고 있으며, 기업들은 너도나도 NFT 시장에 뛰어들고 있습니다. 유튜브에서는 부를 거머쥘 수 있는 마지막 기회라며 앞다투어 NFT 투자를 독려하고 있고, 국회에서는 조속히 관련법을 제정하겠다고 말하고 있습니다. 그런데 재미난 것은 이들 중 NFT를 직접 눈으로 본 사람은 거의 없다는 것입니다.

실제로 크리스티(Christie's) 뉴욕 온라인 경매에서 6,934만 달러[약

783억 원. 이는 미국 조각가 제프 쿤스(Jeff Koons), 영국 화가 데이비드 호크니(David Hockney)에 이어 생존 작가 중 세계 경매 최고가 랭킹 3위에 해당하는 금액임]에 낙찰되어 전 세계를 깜짝 놀라게 했던 미국의 디지털 아티스트 비플(Beeple)의 작품 '매일: 첫 5,000일(Everydays: The First 5,000 days)'에 대해 말들은 많지만, 관련 NFT를 블록체인상에서 눈으로 확인한 사람은 거의 없습니다. 본 적이 없는 NFT에 대해 기사를 쓰게 되니 오보가 나고, 거래가 되다 보니 가격에 거품이 끼고, 제도를 만들려고 하니 잘못된 정책이 만들어지게 됩니다. 이 책은 바로 이러한 문제를 조금이나마 개선해보고자 하는 의도에서 쓰였습니다.

이 책은 암호화폐나 NFT 같은 가상자산의 시세 동향 그래프(차트)를 읽고 예측하는 법을 설명하지는 않습니다. 그보다는 NFT의 기초 원리에 대한 올바른 이해를 바탕으로 미래 가치를 정확히 예측하고, 투자 가치가 있는 좋은 비즈니스 모델을 선별할 수 있는 통찰과 혜안을 갖게 하는 데 초점을 맞추고 있습니다. 복잡한 수식이나 전문용어들은 최소화했습니다. 다양한 예제를 통해 블록체인이나 암호화폐에 대한 전문지식이 없는 독자들도 이해하기 쉽도록 최대한 단순하고 명료하게 전달하고자 했습니다.

4차 산업혁명과 코로나19를 거치면서 현실 세계의 모든 것들이 디지털 세상으로 빠르게 넘어가고 있습니다. 이러한 과도기에 NFT 산업은 분명 차세대 먹거리가 될 수 있습니다. 특히 디지털 산업과 콘텐츠 문화 강국인 우리나라는 여러모로 NFT에 유리한 여건을 갖추고 있으며, 주요 문화 소비층인 MZ세대에게는 매력적인 투자 수단이기도 합니다.

하지만 비플조차도 "NFT에 버블이 끼어 있다"고 말할 정도로 현재의 NFT 시장에는 초기 인터넷과 같은 심한 거품이 끼어 있는 것이 사실입니다. 특히 최근 들어 NFT 가격이 연초 대비 절반 이하로 급락하고, 세계 최대 규모의 NFT 거래 플랫폼인 오픈씨의 일일 거래량이 지난 2022년 2월에 2억 8,400만 달러에서 3월에는 5,000만 달러로 80% 이상 떨어지면서 그동안 NFT 시장을 두고 제기되었던 가격 거품 논란이 다시 점화되는 분위기입니다.

저는 이것을 NFT가 발전하는 동안 반드시 한 번은 겪어야 할 성장통이라고 보고 있습니다. 부디 이 책이 NFT를 제대로 이해하고 활용할 수 있는 길라잡이가 될 수 있기를 기대합니다.

김승주

1장 비트코인과 블록체인에 대해 알아보자

2장 NFT를 탄생시킨 2세대 암호화폐, 이더리움

3장 NFT의 의미와 탄생 배경 및 역사에 대해 살펴보자

4장 이제 NFT를 완벽하게 파헤쳐보자

5장 NFT로 이런 것까지 가능하다, NFT혁명

6장 NFT로 돈 버는 투자 노하우는 따로 있다

데이비드 차움 박사가 전자화폐의 개념을 세계 최초로 제안하고 나서 26년 후인 2008년 사토시 나카모토는 최초의 탈중앙화된 전자화폐인 비트코인을 세상에 발표합니다. 비트코인이 불러온 열기는 실로 대단했고, 이에 놀란 각국 정부는 국가 주도의 전자화폐인 CBDC를 내놓기에 이릅니다. 또한 비트코인을 탄생시키는 데 밑바탕이 된 블록체인은 이후 스마트 콘트랙트, DAO, NFT 등으로 발전합니다.

비트코인과
블록체인에 대해
알아보자

NFT

NFT↑

암호화폐도 유행이 지나면
결국 사라질까요?

필자가 강연할 때마다 빠지지 않고 나오는 질문 중 하나는 "비트코인 (Bitcoin)이 과연 얼마까지 오를까요?" 혹은 "지금 비트코인을 사야 할까요?"입니다.

저는 비트코인 전문 투자가가 아니기에 비트코인이 얼마나 오를지 알지 못합니다. 하지만 비트코인 또는 이더리움(Ethereum)과 같은 전자화폐 혹은 암호화폐가 앞으로도 절대로 사라지지 않을 것이라고는 자신 있게 말씀드릴 수 있습니다.

많은 분들이 비트코인을 최초의 전자화폐라고 알고 계십니다만, 사실 전자화폐의 역사는 우리가 생각하는 것보다 훨씬 더 오래되었습니다. 전자화폐를 세계 최초로 발명한 사람은 '프라이버시 보호의 아버지'라고도 불리는

전자화폐를 발명한 데이비드 차움

분산경제포럼 Deconomy 2018에 참석해 '분산 계산(Distributed Computation)'이란 주제로 키노트 연설을 하고 있는 암호학자 데이비드 차움 박사

※ 데이비드 차움의 강연 동영상은 여기서 볼 수 있습니다 : youtu.be/lr8Q1q1gCn4

출처: Diplomatiq.io

데이비드 차움(David Chaum) 박사입니다.

우리가 현실 세계에서 물건을 사고 대금을 지불하는 방법은 크게 2가지가 있습니다. 신용카드로 계산하거나 현금으로 지불하는 것이지요. 그러나 인터넷 쇼핑몰을 이용할 경우에는 얘기가 달라집니다. 신용카드나 계좌이체 외에는 대금을 지불할 수 있는 수단이 없으며, 이럴 경우 내가 어디서 얼마를 썼는지 일거수일투족(一擧手一投足)이 추적될 수 있습니다. 이것이 일종의 프라이버시 침해라고 여긴 데이비드 차움 박사는 1982년 「추적 불가능한 결제를 위한 은닉 서명(Blind Signatures for Untraceable Payments)」이란 논문을 통해 인터넷에서 '현금'처럼 쓸 수 있는 전자화폐를 세계 최초로 제안합니다.

그런데 문제는 전자화폐를 만드는 게 생각만큼 쉽지 않다는 것입니다. 5만 원권 지폐를 컬러복사기로 복사해 위폐를 만들어 쓰다가 잡힌 사람들에 대한 언론 기사를 종종 볼 수 있습니다. 전자화폐는 0과 1의 디지털 정보로 이루어져 있기 때문에 5만 원권보다 복제가 훨씬 더 쉽습니다. 게다가 디지털의 특성상 원본과 복사본이 똑같기에 위폐를 잡아내는 것이 매우 어렵습니다.

이러한 문제를 해결하기 위해 차움 박사는 은행으로 하여금 위폐를 단속하게 하는 방법을 고안해냈습니다. 우리가 상점에서 신용카드를 이용해 대금을 지불하는 경우를 상상해봅시다. 신용카드 단말기를 통해 읽힌 정보는 카드사로 전송됩니다. 카드사에서는 수신한 신용카드 정보를 데이터베이스와 대조해 도난, 분실 혹은 한도 초과된 카드인지 여부를 확인합니다. 정상 카드인지가 확인되면 카드사는 이를 상점에 통보해주고, 상점에서는 전표를 출력해 서명을 받게 됩니다.

차움의 전자화폐도 이와 비슷합니다.

① 발행 단계: 먼저 사용자는 은행에 일정 금액을 지불하고 그에 상응하는 만큼의 전자화폐를 발급받습니다.
② 지불 단계: 이제 사용자는 인터넷 쇼핑몰을 방문해 상품을 고른 후, 전자화폐로 대금을 지불합니다.
③ 위폐 검증 단계: 이를 수령한 쇼핑몰은 위폐인지 여부를 확인하기 위해 자신이 받은 전자화폐의 일련번호를 확인 후 이를 은행에 전송합

니다. 은행은 이 일련번호를 데이터베이스와 대조해 해당 전자화폐가 과거에 사용된 적이 있는지 여부를 확인합니다. 과거에 사용된 적이 없다면 은행은 이를 쇼핑몰에 통보해주고 해당 일련번호를 데이터베이스에 기록합니다.

④ **상품 배송**: 은행으로부터 위폐가 아니라는 통보를 받은 상점은 최종적으로 상품을 사용자에게 배송합니다.

이 글을 읽고 계신 분들 중에는 "이렇게 일련번호를 확인하고 기록하면 누가 어디서 얼마를 썼는지 추적할 수 있지 않을까?"라며 의문을 품을 수도 있습니다. 그러나 인터넷 거래는 비대면으로 일어나기 때문에 실명확인을 하지 않는 이상 해당 ID의 실소유자가 누군지 알 수 없고, 이 ID는 언제든 변경이 가능합니다. 그래서 익명성이 보장됩니다.

또한 어떤 분들은 "돈은 돌고 돌아야 돈이듯이 A가 B에게 돈을 썼으면 B는 다시 그 돈을 C에게 줄 수 있어야 하고, C는 또 D에게 송금할 수 있어야 하는 것 아닙니까? 그런데 차움의 전자화폐는 한 번밖에는 못 쓰지 않습니까?"라며 반문하시는 분들도 계실 겁니다. 이러한 특성을 '양도성(transferability)'이라고 합니다. 차움 박사의 초기 전자화폐는 일회성인 것이 사실이나 이후 양도성, 오프라인 지불 등과 같은 기능이 추가되면서 점차 우리가 현실에서 사용하는 돈과 유사하게 됩니다.

데이비드 차움은 이러한 아이디어를 바탕으로 1990년에 디지캐시(DigiCash)라는 회사를 차렸습니다. 하지만 시대를 너무 앞서간 탓이었을까요, 디지캐시사는 1998년에 파산합니다. 하지만 차움의 아이디어는 발전을 거듭해 26년 후인 2008년에 비트코인을 통해 꽃을 피우게 됩니다.

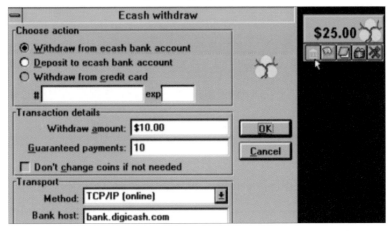

데이비드 차움의 전자화폐

데이비드 차움이 개발한 최초의 전자화폐 프로그램. 전자화폐 발행, 지불 등의 모든 과정에서 계좌 이체나 신용카드와는 달리 익명성이 보장됨.

출처: Bas Wisselink

나를 감추고 싶은 익명성은 어찌 보면 인간의 근본적인 욕구와도 같습니다. 이러한 욕구가 사라지지 않는 한 전자화폐는 그 수요가 많고 적음의 차이만 있을 뿐 절대로 사라지지 않습니다. 물론 전자화폐가 갖는 익명성은 세금 탈루나 돈 세탁, 뇌물 등으로 악용되기도 하지만 말입니다.

 김승주 교수의 NFT 꿀팁

전자화폐는 한마디로 '인터넷상의 현금'이며, 존재 이유는 '익명성 보장'입니다. 익명성을 추구하는 인간의 욕망이 사라지지 않는 한 전자화폐는 절대로 사라지지 않을 것입니다.

NFT
질문 TOP 02
가상화폐와 암호화폐, CBDC는 어떻게 다른가요?

　2008년 미국의 투자 은행인 리먼 브라더스(Lehman Brothers Holdings, Inc.)의 서브프라임 모기지(subprime mortgage loan, 비우량주택담보대출) 부실 사태로부터 촉발된 글로벌 금융위기를 겪은 사토시 나카모토(Satoshi Nakamoto)는 은행에 대해 굉장한 불신감을 갖고 있었습니다. 이에 사토시 나카모토는 은행이란 존재를 배제한 상태에서도 동작이 가능한 전자화폐를 만들고 싶어 합니다. 또한 그는 정부가 금융위기를 해결하는 과정에서 선택한 구제금융과 양적완화 정책이 일반 서민들에게 고통을 주었다고 생각하고, 이러한 정부의 무분별한 발권력을 제한하고도 싶어 합니다.

　데이비드 차움 박사가 제안한 전자화폐에서 은행을 빼버리면 과연 어떤 일이 벌어질까요? 전자화폐가 위폐인지 여부를 감별해주는 중앙 기관이 사라지게 되는 것이니 복사한 가짜 전자화폐들이 범람하게 될 것입니다. 은행을 대신해 위폐를 감별해주는 기술적 수단, 그것이 바로 '블록체인(Blockchain)'입니다. 블록체인은 이 책의 '부록'에 기술된 각종 암호기술(타원곡선 공개키 암호, 전자서명, 해시함수 등)을 이용해 만들어집니다. 또한 이 블록체인은 특정 기관에서 단독으로 운영하는 것이 아니라, 모든 화폐 사용자들이 십시일반 힘을 합해 공동으로 운영합니다. 그래서 블록체인을 '분산장부(distributed ledger 또는 shared ledger)'라고 부르기도 합니다.

우리가 흔히 "전자화폐(electronic cash)는 블록체인이 있어야만 만들 수 있다"고 말하곤 하는데요, 이는 잘못된 얘기입니다. 전자화폐는 은행을 이용해 만들 수도 있고, 은행을 배제한 상태에서 만들 수도 있습니다. 차움 박사가 제안한 것과 같이 은행을 이용해 만드는 전자화폐를 '중앙집중형 전자화폐' 또는 '가상화폐(virtual currency)'라고 합니다. 반면에 은행을 배제하고 블록체인을 사용해 만든 전자화폐를 '탈중앙형 전자화폐' 또는 '암호화폐(cryptocurrency)'라고 합니다. 경우에 따라서는 가상화폐와 암호화폐를 통틀어 그냥 가상화폐로 부르기도 합니다.

2022년 2월 9일(현지시간) 〈월스트리트저널(The Wall Street Journal)〉에 따르면 지난 2월 4일 베이징 2022 동계올림픽 개막식이 열린 베이징국가체육장(버드 네스트 스타디움)의 상점들에서 비자(Visa) 카드를 통한 결제보다 훨씬 더 많은 거래가 중국 인민은행(PBOC)이 발행한 디지털 위안화(e-CNY)로 이뤄졌다고 합니다. 디지털 위안화는 법정화폐와 똑같은 효력을 갖는 중국의 전자화폐로 알리페이(Alipay)나 위챗(WeChat) 등을 통해 사용이 가능합니다. 이처럼 각국의 중앙은행이 직접 발행한 전자화폐를 '중앙은행 디지털 화폐(CBDC: Central Bank Digital Currency)'라고 합니다.

전자화폐의 분류

구현방식 ＼ 발행주체	정부(중앙은행)	민간단체 또는 기업
중앙집중형	CBDC (Central Bank Digital Currency)	가상화폐　eCash(1982) (Virtual Currency)
탈중앙형 (Blockchain)	CBDC (Central Bank Digital Currency)	암호화폐　Bitcoin(2008) (Cryptocurrency)

전자화폐의 분류. 발행주체가 정부(중앙은행)인 경우 블록체인의 사용 여부와는 상관없이 모두 CBDC라고 부르는 반면, 민간기업이 발행하는 전자화폐는 블록체인 사용 유무에 따라 부르는 호칭이 달라짐.

이제 각 용어들의 차이가 조금 이해되시나요? 재미난 것은 중국 인민은행은 e-CNY의 익명성을 '제어 가능한 익명성(controllable anonymity 또는 managed anonymity)'으로 부르고 있다는 사실입니다. 중국 수석 경제학자 이슝(Yi Xiong)에 따르면 e-CNY는 이용자에게 거래 상대방에게 자신의 신원을 숨길 수 있는 옵션을 제공하는 동시에 법 집행 기관이 불법 거래를 추적할 수 있도록 하는 기능도 제공하고 있다고 합니다.

2022년 베이징 동계올림픽에서 e-CNY의 사용이 비자카드보다 많기는 했지만 이것이 디지털 위안화를 다른 나라 사람들이 사용했다는 의미는 물론 아닙니다. 이미 e-CNY는 중국 내에서는 상당히 활성화되어 있기 때문에 외국인 관광객이 거의 없는 이번 올림픽의 특성상 e-CNY의 사용이 많을 수밖에 없었을 겁니다.

참고로 중국 인민은행은 2021년 10월 이후 e-CNY의 사용자 수에 대해 공식 발표한 적이 없습니다. 그러나 2022년 초 일부 중앙은행 관계자들은 약 2억 6,100만 개의 전자지갑이 개설되어 있으며, 총 거래액은 870억 위안(약 137억 5,000만 달러)을 넘을 것으로 추정하고 있습니다.

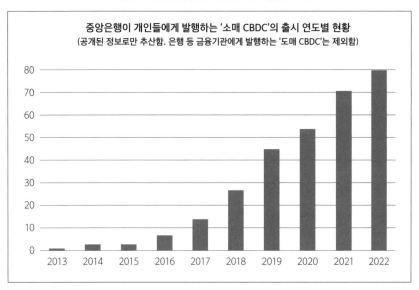

중앙은행이 개인들에게 발행하는 '소매 CBDC'의 출시 연도별 현황
(공개된 정보로만 추산함. 은행 등 금융기관에게 발행하는 '도매 CBDC'는 제외함)

2022년 현재 우리나라를 비롯한 80여 개 국가들이 디지털 전자화폐를 이미 사용하고 있거나 관련 연구를 추진중임.

출처: kiffmeister.com/jurisdictions-where-retail-cbdc-is-being-explored-as-of-march-6-2022/

우리나라를 비롯해 현재 80여 개 국가들이 CBDC 발행에 대해 다각적으로 검토하고 있습니다. 특히 미국은 지난 2022년 3월 9일 조 바이든 대통령이 비트코인 등 전자화폐(가상자산)에 대한 범정부적인 규제의 틀을 정하는 행정명령에 서명하기도 했습니다. 이 행정명령은 전자화폐의 성장이 개인·기업 등에 끼칠 위험이 없는지 검토하고, 전자화폐를 악용한 불법자금 거래를 차단할 방안을 마련하고, 연방준비제도(Federal Reserve System)를 중심으로 CBDC 발행의 필요성을 검토하라는 내용을 담고 있습니다. 미국 대통령이 암호화폐와 관련해 구체적인 지침을 내린 것은 이번이 처음입니다.

이외에도 현재 유럽이 CBDC 발행의 필요성을 검토하는 디지털 유로 프로젝트를 진행중에 있습니다. 스웨덴 역시 CBDC 개발과 시험 프로젝트를 추진중이며, 영국 또한 중앙은행 내에 CBDC 전담 조직을 설치해 발행 가능성을 검토하고 있습니다. 향후 비트코인과 같이 민간이 만드는 전자화폐와 e-CNY 같이 정부가 만드는 전자화폐의 경쟁은 더욱더 치열해질 것으로 보입니다.

 김승주 교수의 NFT 꿀팁

CBDC 분야에서의 중국의 약진, 최근 러시아-우크라이나 전쟁에서의 비트코인의 활용 등을 목격한 각국 정부 및 기업들은 향후 전자화폐의 연구·개발에 더욱더 매진할 것으로 보입니다.

NFT
질문 TOP 03
디지털 위안화가 나오면 비트코인은 폭락할까요?

CBDC의 일종인 중국의 디지털 위안화는 정부가 발행하기 때문에 법정화폐와 동일한 가치를 지니며, 안정성이 뛰어납니다. 반면 비트코인이나 이더리움과 같은 민간이 발행한 암호화폐는 구성원(이용자)들 간의 합의에 의해 발행되고 가치가 결정되기에 가격이 불안정하며, 특히 비트코인의 경우 총 발행량이 2,100만 개로 미리 정해져 있어 안정화 작업이 불가능합니다. 그래서 일부 전문가들은 "CBDC가 널리 보급될수록 비트코인과 같은 암호화폐들은 설 자리를 잃을 것이며 필연적으로 가치가 하락할 것"이라고 말하기도 합니다.

하지만 앞서 언급했듯, 디지털 위안화의 경우 온전한 익명성이 아닌 '제어 가능한 익명성(controllable anonymity 또는 managed anonymity)'만을 제공합니다. 제어 가능한 익명성이란 평상시에는 자신의 신원을 숨길 수 있지만 필요한 경우 법 집행 기관이 이용자를 추적할 수도 있다는 말입니다.[1]

사실 이러한 개념이 어제오늘 등장한 것은 아닙니다. 과거 미국 정부는 디지털 경제에서 암호기술이 중요한 원동력으로 작용할 것임을 인식하고, 미국의 IT기업이 암호화 제품의[2] 품질 혁신을 주도해 세계시장에서 경쟁력을 유지할 수 있도록 하는 행정부의 정책이 필요하다고 판단했습니다. 이와 동시에 암호화 제품의 보급 및 사용을 미국 정부가 모니터링하고 적합한 상황에서만 사용토록 제한함으로써 미국의 국가안전보장을 유지하는 노력도 병행하고자 했습니다.

이에 미국은 테러국가나 테러집단의 악용에 대한 우려를 이유로 키 길이가 40비트를 초과하는 고비도(高秘度)의 대칭키 암호화 제품(및 이에 준하는 공개키 암호화 제품)에 대해서는 해외로의 수출을 금지하게 됩니다. 이후 클린턴 행정부가 들어서면서 미국은 새로운 정책을 내놨는데, 그것이 바로 '키 위탁(key escrow) 정책'입니다.[3]

키 위탁 정책이란 유사시에 암호화된 메시지를 해독할 수 있도록 하는 마스터키(master key)를 미국 정부에게 맡기기만 한다면 높은 비도의 암호화 제품이라도 수출을 허용하겠다는 제도입니다. 그러나 이 정책은 프라이버시 보호 단체 등의 민간단체와 산업계의 강력한 반발에 부딪혀 결국 관철되지 못합니다.

전자화폐는 한마디로 인터넷상의 현금이며 익명성, 즉 추적불가능성으로 인해 기존의 신용카드 및 계좌이체와는 차별화됩니다. 시민들이 프라이버시 보호를 더 중요시해 비트코인을 선택할지, 아니면 안정성을 위해 CBDC를 선택할지 꽤 흥미로운 관전 포인트가 될 것 같습니다.

밑 부분에 마스터키를 넣을 수 있게 한 TSA인증 자물쇠

일반인들은 측면에 달린 비밀번호를 이용해 자물쇠를 열고 닫을 수 있음.

출처: 다나와

여담이지만 'TSA인증 자물쇠'란 것이 있습니다. 미국 교통안전국(TSA: Transportation Security Administration)에서는 테러를 예방하기 위해 미국이나 미국을 경유하는 수화물 가방에 자물쇠가 채워져 있다면 자물쇠를 부수어서라도 짐 검사를 하거나 아예 비행기에 싣지 않는 경우도 있습니다. TSA 자물쇠는 이러한 파손을 방지하기 위해 채택된 것으로, 보안 검사요원이 가진 마스터키로 자물쇠를 열고, 검사 후에는 다시 잠글 수 있도록 고안된 잠금장치입니다. 이것도 일종의 키 위탁 제도인 셈입니다.

 김승주 교수의 NFT 꿀팁

> 최근 많은 국가들이 정부가 발행하는 전자화폐인 CBDC에 대해 연구하고 있습니다. 그러나 대부분의 CBDC가 갖고 있는 제한적인 형태의 익명성은 CBDC의 확산에 큰 걸림돌이 될 것으로 보입니다.

NFT

채굴이란 무엇이며
어떻게 하는 건가요?

제 초등학교 시절 담임 선생님께서는 자리를 비우실 때마다 반장에게 앞에 나와서 떠든 사람 이름을 칠판에 적으라고 하시곤 했습니다. 이러한 방식을 '중앙집중형 관리방식'이라고 합니다. 반대로 반장을 따로 두지 않고 모든 학생들에게 반장의 역할을 하게끔 할 수도 있습니다. 학생 전원에게 떠든 사람 이름을 쪽지에 적어 내라고 하는 것이지요. 이를 '탈중앙형 관리방식'이라고 합니다.

블록체인은 바로 암호화폐(비트코인) 이용자 모두에게 반장의 역할을 하도록 하는 기술입니다. 암호화폐 이용자들이 자신들의 PC에 관련 프로그램을 설치하면 크게 2가지 종류의 프로그램이 설치됩니다. 하나는 '전자지갑(crypto wallet)'이라고 하여 도장[이른바 개인키(private key)]이 내장된 일종의 통장 역할을 하는 프로그램입니다. 또 다른 하나는 인터넷을 24시간/365일 감시하면서 자동으로 사용된 코인의 일련번호를 채집해 파일에 기록하는 반장 역할을 하는 '블록체인' 프로그램입니다.

비트코인에서 사용하는 '나카모토 블록체인'의 경우, 이용자들은 매 10분마다 떠든 사람, 즉 사용된 코인의 일련번호를 각자 1MB 크기의 파일(이른바 블록)에 적어 서로 공유합니다. 만일 공유하는 과정에서 의견 충돌이 생긴다면, 즉 누구는 XXX를 떠들었다고 하고 또 누구는 XXX를 안 떠들었다고 한다면 다수결의 원리에 따라 합의를 이뤄갑니다. 예를 들어 아래 그림과 같이 5명의 사용자 A, B, C, D, E가 각자 떠든 사람을 블록에 적어 제출했다고 상상해봅시다. 이 경우 다수결 원리에 의거해 A, B, D가 제출한 블록이 옳은 블록이 됩니다.

합의를 통한 옳은 블록의 선정

A	B	C	D	E
XXX	XXX	YYY	XXX	YYY
YYY	YYY	ZZZ	YYY	ZZZ
ZZZ	ZZZ		ZZZ	

이렇게 매 10분마다 생성·합의·공유된 1MB 파일은 각자의 하드디스크에 저장되는데, 이때 중구난방(衆口難防)으로 저장되는 게 아니라 시간 순서대로 마치 사슬(이른바 체인)처럼 잘 정돈되어 보관됩니다. 블록체인이란 이름은 바로 여기서 유래한 것입니다.

이제 누군가 비트코인을 사용하면 모든 비트코인 이용자들은 자신의 하드디스크에 저장된 블록체인과 사용된 비트코인의 일련번호를 대조해봄으로써 해당 비트코인이 과거에 사용된 적이 있는지 여부를 확인할 수 있게 됩니다. 앞서 소개한 차움 박사의 전자화폐 모델에서 은행이 하던 일을 이용자들이 십시일반 나눠서 하게 되는 것이지요. 물론 이 모든 과정들은 프로그램에 의해 자동으로 이뤄집니다.

그런데 문제는 세상에 공짜는 없다는 것입니다. 학생들 중에는 떠든 사람을 찾아내 이름을 적는 행위를 귀찮게 여기는 학생이 있을 수 있습니다. 비트코인도 마찬가지입니다. 비트코인 이용자들 중에는 자신이 직접 전기값을 부담하고 하드디스크의 저장 공간을 소진해가며 블록체인을 만들고 보관하는 것을 꺼리는 사람이 있을 수 있습니다. 이러한 인간의 본성을 꿰뚫어본 사토시 나카모토는 비트코인을 개발할 당시 모종의 인센티브 프로그램을 만들어놓았는데, 이것을 우리는 '채굴(mining)'이라 부릅니다. "암호화폐와 블록체인은 서로 불가분(不可分)의 관계"란 말은 바로 여기서 나온 것입니다.

비트코인에서는 매 10분 단위로 가장 열심히 떠든 사람 이름을 적어내는 사람, 즉 가장 빠르고 정확하게 사용된 코인의 일련번호를 적어서 공유하는 이용자에게 그의 전자지갑으로 인센티브를 보내주도록 설계되었습니다. 그런데 이 인센티브가 얼마였을까요? 무려 50비트코인(2021년 11월의 최고점 기준으로 약 40억 원에 해당)입니다.

이러자 사람들은 너 나 할 것 없이 미친듯이 채굴을 하기 시작했습니다. 누구보다도 빨리 블록을 생성해야 하니 그래픽 카드를 구입해 컴퓨터의 성능을 업그레이드하는 사람들이 생겨났습니다. 더 나아가 고성능의 전용 장

전문 채굴업자의 작업 환경

고성능의 장비를 대량으로 운용하기 때문에 이들이 소비하는 전기량 또한 무시 못 할 수준임. 2018년에 발표된 연구결과에 따르면 비트코인의 경우 상위 4개의 전문 채굴업자, 이더리움의 경우 상위 3개의 전문 채굴업자들이 과반 이상의 인센티브를 독식한다고 함.

출처: DataCenter Knowledge

비로 무장한 전문 채굴업자들도 등장하게 됩니다. 비트코인의 가격이 오르면 용산에서 그래픽 카드가 품절되고, 그래픽 카드의 핵심 부품을 만드는 엔비디아(NVIDIA)란 미국 회사의 주가가 오르는 일은 바로 여기서 기인한 것입니다. 때문에 최근에는 일반인들이 평범한 개인용 컴퓨터를 이용해 비트코인 채굴에 성공하기란 거의 불가능합니다.

자, 그러면 실제로 채굴은 어떻게 하는 걸까요? 비트코인을 예로 들어 설명해보도록 하겠습니다.

제출된 블록들의 내용이 서로 다르면 투표를 통해 다수결로 옳은 블록을 결정한다고 앞서 말씀드린 바 있습니다. 그런데 말입니다, 만일 사용자

C가 돈을 주고 다른 사람들의 ID를 대량으로 사들인 후에 그들의 명의로 [YYY, ZZZ]만 적힌 블록을 만들어 뿌린다면 어떻게 될까요? 그러면 옳은 블록이 [XXX, YYY, ZZZ]에서 [YYY, ZZZ]로 바뀌게 될 겁니다. 이러한 것을 전문용어로 '시빌 공격(Sybil Attack)'이라고 합니다. 비대면 환경인 인터넷 투표에서는 얼굴이 보이지 않기 때문에 1인 1투표를 보장하기가 매우 어려우며, 그래서 이런 공격이 가능하게 됩니다. 과거 우리나라에서 벌어진 '드루킹 사건'을 떠올리시면 됩니다.

나카모토 블록체인에서는 이러한 시빌 공격을 막기 위해서 '작업증명(PoW: Proof of Work)'이란 것을 이용합니다. 작업증명은 일종의 캡차(CAPTCHA)를 푸는 것으로, 비트코인에서 사용자들은 하나의 블록을 공표할 때마다 '암호퍼즐(crypto puzzle)'이라 불리는 캡차를 반드시 풀어야 합니다.

보통은 한 사람당 하나의 암호퍼즐만 풀면 됩니다. 하지만 투표를 조작

각종 캡차(CAPTCHA)

출처: ugeneonlinejob.blogspot.com

하려는 C의 경우에는 혼자서 여러 개의 암호퍼즐을 정해진 시간 안에 풀어내야 하기에 다수의 허위 ID로 부정 투표를 하는 것이 어렵게 됩니다.

이상에서 살펴본 바와 같이 채굴을 하기 위해서는 누구보다 빠르고 정확하게 옳은 블록을 생성해 공표해야 하며, 이러기 위해서는 PoW 값을 빨리 구해내는 것이 관건입니다. 바로 이 작업증명으로 인해 채굴을 원하는 사람들은 고성능의 컴퓨터를 확보하기 위한 경쟁을 펼치고 있으며, 이는 "비트코인이 에너지 과소비의 주범이다"라는 비난을 받는 원인이 되기도 합니다. 다행인 점은 현재 많은 차세대 암호화폐들이 PoW 대신 좀 더 친환경적인 시빌 공격 방지책을 찾기 위해 노력중이라는 것입니다.

또 다른 문제는 이러한 일련의 절차들이 필연적으로 '거래승인 지연 문제'를 야기한다는 것입니다. 이러한 지연은 이용자 수가 많으면 많을수록

전자화폐의 분류와 초당 거래 수

결제 수단	초당 거래 수(Transactions Per Second)
비트코인 (Bitcoin)	7건
이더리움 (Ethereum)	25건
지캐시 (Zcash)	27건
대쉬 (Dash)	35건
모네로 (XMR)	1,000건
리플 (XRP)	1,500건
페이팔 (PayPal)	15건
비자 (Visa) 카드	24,000건

출처: 엠마 뉴베리(Emma Newbery), "비트코인보다 빠른 8종의 암호화폐(8 Digital Payment Cryptos That Are Faster Than Bitcoin)", 2021.9.15.

합의를 이루는 데 걸리는 시간이 증가되어 더욱 심해지는데, 이를 '확장성 (scalability) 문제'라고 합니다. 때문에 블록체인에서는 인터넷 투표 권한을 구성원 전체가 아닌 일부로 제한한다든지[4], 아니면 블록체인 이외에 별도의 레이어(layer)를 추가한다든지 해서[5] 이러한 문제를 점차 개선해나가고 있습니다.

 김승주 교수의 NFT 꿀팁

블록체인은 구성원들 간 의견 충돌을 해결하기 위해 사용하고 있는 합의 방식, 시빌 공격에 대한 대응책, 구성원들의 참여를 독려하기 위한 인센티브 구조에 따라 그 성능에 있어 차이를 보입니다. 따라서 해당 블록체인의 가치를 제대로 평가하기 위해서는 이러한 요소기술들을 보는 안목을 키워야 합니다.

모든 암호화폐는 비트코인처럼 발행 총량이 정해져 있나요?

매 10분마다 옳은 블록을 생성·공유한 데에 대한 보상으로 50비트코인씩 지급하게 된다면, 시간이 흐를수록 비트코인 수는 점점 더 많아지게 되고, 그러면 필연적으로 인플레이션에 빠져 비트코인의 가치는 하락하게 됩니다.

이런 점을 염려한 사토시 나카모토는 '반감기(半減期)'라는 안전장치를 미리 마련해두었습니다. 반감기란 약 4년을 주기로 비트코인의 보상이 절반으로 줄어드는 것을 말합니다. 2009년에 비트코인이 처음 생성된 후 2012년, 2016년, 2020년까지 세 차례에 걸쳐 반감기를 맞았는데요, 현재 블록당 채굴 보상은 2009년 50비트코인에서 2020년 6.25비트코인으로 줄어들었습니다.

이렇게 4년마다 절반으로 보상이 줄게 되면 종국에는 보상이 0이 될 텐데요, 대략 계산해보면 34번째 반감기인 2140년 5월경에 2,100만 번째의 비트코인이 마지막으로 지급되는 것을 끝으로 더 이상 비트코인은 발행되지 않습니다.[6]

비트코인이 '디지털 골드'라고 불리는 이유는 바로 이처럼 비트코인의 발행 총량이 정해져 있기 때문입니다. 마치 금처럼 비트코인이 유한가치를 지녔다는 의미입니다.

여기서 의문을 품는 분들이 계실 겁니다. 보상이 주어지지 않는다면 사람들은 동기부여가 되지 않을 것이고, 그렇게 되면 더 이상 블록체인이 정상적으로 만들어지지 않을 텐데 어떻게 위조된 암호화폐를 잡아낼 수 있을까요?

이러한 문제를 해결하고자 사토시 나카모토는 2140년 이후에는 비트코인을 사용할 때마다 신용카드처럼 처리 수수료를 떼 이것을 모아 보상금으로 지급할 수 있도록 미리 설계해놓았습니다. 이를 통해 비트코인은 2,100만 개라는 한정된 수량만으로도 생태계가 영원히 동작할 수 있도록 만들어져 있습니다.[7]

물론 이러한 장치들이 비트코인 생태계를 영구히 안정적으로 동작시키는 데 필요한 충분한 보상이 될지에 대해서는 여러 이견들이 있습니다. 하지만 사토시 나카모토가 정부나 은행의 간섭 없이도 인플레이션이나 디플레이션에 빠지지 않고 영구히 동작하는 화폐 시스템을 만들기 위해서 상당히 많은 부분을 치밀하게 고민했다는 것만은 분명합니다.

또 어떤 분들은 모든 암호화폐가 고정된 발행 총량을 갖고 있다고 생각하시는 경우도 있습니다. 앞서 설명한 대로 비트코인은 발행량이 사전에 정해져 있지만, 2세대 암호화폐로 불리는 이더리움은 발행 총량이 정해져 있지 않습니다. 이더리움의 경우 매년 구성원들의 합의를 거쳐 매년 일정량을 신규 발행합니다.[8]

이렇게 해감으로써 이더리움은 현재 비트코인이 겪고 있는 부의 집중 현상을 완화시키고, 현재 또는 미래의 참여자들에게 계속해서 이더리움을 암호화폐 거래소가 아닌 채굴을 통해서 제공할 수 있기를 희망하고 있습니다.

또한 시간이 흐름에 따라 사용자들의 부주의, 죽음 등으로 인해 이더리움 일부가 계속해서 시장에서 사라지게 됩니다.[9] 이렇게 사라지는 코인으로 인해 점점 줄어드는 '시장 유통 가능 이더리움 총량' 또한 매년 신규 발행되는 이더리움에 의해 균형을 이룰 수 있게 됩니다.

도지코인 공식 로고

참고로 테슬라의 최고경영책임자인 일론 머스크(Elon Reeve Musk)에 의해 연일 화제의 중심이 되었던 도지코인(Dogecoin)의 경우에도 처음에는 1천억 개로 생산량이 고정되어 있었으나, 이후 무제한 생산으로 정책이 바뀌었습니다. 실제 도지코인은 출시되고 약 2년이 흐른 2015년에 이미 1천억 번째 코인이 발행되었고, 4년이 흐른 2019년도엔 그 생산량이 달에 닿았을 정도입니다.

 김승주 교수의 NFT 꿀팁

비트코인처럼 발행 총량이 한정되어 있는 암호화폐가 좋은 것인지, 아니면 이더리움처럼 매년 발행량을 조금씩 증가시켜 가는 암호화폐가 좋은지에 대한 정답은 없습니다. 다만 여기서 중요한 것은 그것을 결정하는 데 있어 구성원들의 의견 수렴이 충분히 이루어졌는가, 그리고 객관적 검증이 수행되었는가 여부입니다.

NFT↗

블록체인을 쓰는데
왜 암호화폐는 해킹되나요?

　블록체인과 관련한 대표적인 가짜 뉴스 중 하나는 "블록체인은 해킹이 불가능하다"는 말입니다. 블록체인이 갖는 장점은 딱 4가지입니다.

　우선 '탈중앙성(decentralization)'입니다. 블록체인에서는 모든 구성원들이 반장의 역할을 하기 때문에 운영을 위한 중앙관리 기관을 별도로 요구하지 않습니다. 만일 의견 충돌이 생기면 이는 구성원들 간의 합의를 통해 해결하면 됩니다. 이러한 연유로 영국의 주간지 《이코노미스트(The Economist)》는 블록체인을 "운영에 필요한 신뢰를 최소화하는 신뢰 머신(The trust machine)"이라고 표현했으며, 이더리움의 창시자 비탈릭 부테린(Vitalik Buterin)은 "대부분의 기술들은 사소한 작업을 수행하는 주변부 근로자들의 업무를 자동화해 이들을 대체하는 경향이 있는 반면, 블록체인은 중앙 관리자들의 업무를 자동화한다. 블록체인은 택시기사를 해고하는 대신 우버(Uber)를 해고하고, 택시기사들이 고객과 직접 일하도록 한다"고 말하기도 했습니다.

둘째는 '투명성(transparency)'입니다. 모든 구성원들이 똑같은 정보가 담긴 블록체인을 각자의 하드디스크에 보관하고 있기 때문에 이용자들 간 정보의 비대칭성이 사라집니다.

셋째는 '불변성(immutability)'입니다. 앞서 말했듯 블록체인은 모든 사용자들의 하드디스크에 동일하게 저장되어 있기 때문에 회사 중앙 서버에 저장된 데이터들과는 달리 블록체인상에 기록된 정보를 수정하거나 삭제하기 위해서는 구성원들의 동의가 필요합니다. 참여하는 구성원들이 소수라면 동의를 구하는 것이 가능하겠으나, 250만 명(국내 4대 암호화폐 거래소인 빗썸·업비트·코인원·코빗 기준으로 2020년 말 실명 확인된 암호화폐 계좌 수 기준) 정도 된다면 이들 모두에게 동의를 구하는 것은 현실적으로 불가능합니다. 그래서 블록체인은 이용자들의 수가 많으면 많을수록 기록된 데이터를 삭제하거나 수정하는 것이 거의 불가능합니다.[10]

끝으로 '가용성(availability)'입니다. 제 컴퓨터에 해커가 침투해 블록체인을 삭제했다고 가정해보겠습니다. 이 경우 저는 주변에 있는 암호화폐 이용자에게 블록체인을 복사해달라고 요청하면 됩니다. 이렇듯 블록체인은 해킹 사고 발생 시 원상복구를 쉽게 해주는 특징이 있습니다.

과거 모 회사 직원분들께서 제 연구실을 방문하셨습니다. 내용인즉 회사 대표님께서 신문에 난 "블록체인은 해킹이 불가능하다"는 기사를 보시고는 직원들에게 "고객의 개인정보를 블록체인을 이용해 보호하라"는 지시를 내리셨다는 겁니다. 고객의 개인정보를 블록체인에 저장한다면 어떤 일이 벌어질까요? 해킹을 할 필요도 없이 블록체인을 설치한 모든 이용자들에게 자동으로 고객의 개인정보가 전파될 것입니다. 이렇듯 블록체인은 데이터의 위·변조에는 매우 강하나 비밀이나 개인정보 보호에는 매우 취약한 특성이 있습니다.

또 어떤 분들께서는 "암호화폐가 어느 계좌에서 어느 계좌로 이체되는지는 블록체인에 모두 기록될 것이고 이 정보는 투명하게 공개될 텐데 왜 수사기관은 해커의 계좌를 추적해 돈을 회수하지 못하나요?"라며 반문하실 수도 있습니다. 암호화폐의 이체 기록이 모두 블록체인에 저장된다 하더라도 계좌에 대한 실명 확인이 이루어지지 않는 한 익명성은 보장됩니다. 또한 인터넷에는 암호화폐 세탁을 전문으로 해주는 많은 사이트가 존재합니다. 실제 해킹이 발생하면 탈취된 암호화폐는 순식간에 이러한 사이트들을 통해 세탁됩니다. 바로 이러한 것들이 해커의 추적을 매우 어렵게 합니다. 하지만 다행인 점은 지금 이 순간에도 많은 연구자들이 암호화폐를 추적하는 다양한 기술들을 연구·개발하고 있다는 것입니다.

 김승주 교수의 NFT 꿀팁

블록체인은 해킹이 불가능한 기술이 아니기에 그에 기반한 암호화폐나 NFT 등도 얼마든지 해킹될 수 있습니다. 혹시 암호화폐를 판매하면서 "블록체인을 이용하기 때문에 해킹에 안전하다"는 식의 얘기를 하는 사람이 있다면 사기꾼으로 생각하셔도 좋습니다.

NFT↗

질문 TOP

07

거래소에 가보면
왜 비트코인은 여러 개인가요?

기본적으로 비트코인과 같은 암호화폐들은 탈중앙화를 위해 블록체인을 이용합니다. 즉 어떤 거래가 일어났을 때, "그 거래 내역이 옳다"는 것에 (중앙은행이 아닌) 구성원들의 과반수가 반드시 동의를 해줘야 한다는 말입니다.

그런데 어떤 것이 옳고 그른지를 따지려면 투·개표 방식, 블록에 거래내역을 기록하는 방법, 참여하는 구성원들에 대한 인센티브 지급 방안 등에 대한 규칙들이 사전에 마련되어 있어야 합니다.

만약 블록체인에서 이 규칙을 변경하려면 과반수의 구성원들이 동의를 해줘야만 하는데, 규칙이 소폭으로 개정되어 별 무리 없이 구성원들의 동의를 구했다면 우리는 이를 '소프트 포크(soft fork)'라고 부릅니다. 반면 규칙이 대규모로 바뀌어 규칙 개정에 찬성하는 측과 반대하는 측이 서로 팽팽하게 맞선다면 블록체인은 쪼개지고 새로운 분파의 암호화폐가 등장하게 되는데, 우리는 이를 '하드포크(hard fork)'되었다고 얘기합니다.

하드포크된 블록체인

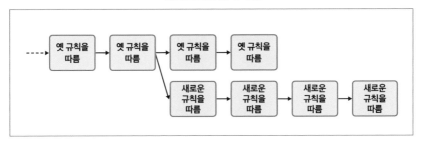

두 집단 간의 팽팽한 의견 차이로 하드포크되어 2개로 분리된 블록체인

2008년 10월 31일 오후 2시 10분(미국 동부시간 기준), '사이퍼펑크(Cypherpunk)'라 불리는 시민단체의 메일링 리스트(mailing list)를 통해 한 편의 논문이 전송됩니다. 논문의 제목은 「비트코인: 개인과 개인 간의 전자화폐 시스템(Bitcoin: A Peer-to-Peer Electronic Cash System)」입니다. 사토시 나카모토(Satoshi Nakamoto)라는 미상의 작가가 쓴 이 9페이지 분량의 논문은 2008년 11월 9일 그 소스코드가 인터넷에 처음 공개되었고, 2009년 1월 3일 처음으로 50비트코인을 채굴한 뒤 그중 10비트코인을 할 피니(Hal Finney)에게 이체했으며, 2010년 5월 22일 라슬로 한예츠(Laszlo Hanyecz)라는 프로그래머가 미국 플로리다에서 비트코인을 이용해 처음으로 피자 2판을 구매하면서 세상의 주목을 받기 시작합니다.[11]

이후 비트코인(Bitcoin Core, BTC)은 블록당 크기를 기존 1MB에서 8MB로 늘리는 개정안으로 인해 하드포크가 발생해 '비트코인 캐시(Bitcoin Cash,

BCH)'가 갈라져 나왔고, 비트코인 캐시는 2018년에 또다시 2개로 갈라져 '비트코인에스브이(Bitcoin SV, BSV)'가 나오게 됩니다. 이외에도 비트코인에서 하드포크된 코인에는 '비트코인 골드(Bitcoin Gold, BTG)', 'B2X' 등이 있습니다.

이더리움도 예외는 아닙니다. 과거에 '더다오(The DAO)'란 것이 있었습니다. 더다오는 이더리움 기반 스타트업이나 프로젝트를 지원하기 위한 일종의 탈중앙화되고 자동화된 벤처 캐피탈로서, 컴퓨터 프로그램이 자동으로 사람들로부터 이더리움(ETH)을 모아서 투자하는 방식이었습니다. 이때 투자에 대한 결정권(의결권)은 이더리움을 투자금으로 납입하고 받은 '더다오 거버넌스 토큰(The DAO governance token)'의 형태로 모든 투자자들에게 분배되었습니다. 다수결로 결정된 투자 대상이 마음에 들지 않을 경우 언제든지 그 결정을 따르지 않고 환불할 수 있도록 해두었기 때문에 많은 투자자금이 몰려들었습니다. 그러나 불행하게도 더다오 컴퓨터 프로그램의 환불 기능에 오류가 존재했고, 이것이 곧 투자금의 약 3분의 1에 해당하는 360만 이더리움(2022년 3월 26일 기준으로 약 113억 달러에 해당)이 해커의 손에 넘어가는 대형 해킹 사고로 이어졌습니다.

비록 이더리움 개발진들이 해킹이 전혀 발생하지 않은 것처럼 블록체인을 긴급하게 수정함으로써 사용자들의 투자금을 다시 회수할 수는 있었습니다만, 이것이 블록체인의 불변성 철학에 위배된다며 수정을 반대하는 사람들이 있었습니다. 결국 이로 인해 이더리움은 계속해서 원래의 이더리움 블록체인을 사용하기를 고수하는 '이더리움 클래식(Ethereum Classic, ETC)'과 수정된 블록체인을 사용하는 '이더리움(Ethereum, ETH)'으로 하드포크되게 됩니다.

물론 이러한 하드포크 문제는 회사를 운영하시는 분들 입장에서 보면 다소 황당할지도 모르겠습니다. 거버넌스(governance), 즉 관리체제 구축이나 표준을 수립하는 것이 어려우니 말입니다. 주요 결정을 내리는 권한을 선택된 소수에게 부여하는 것이 맞는지, 아니면 모든 참가자에게 분배하는 것이 맞는 것인지에 대해 정답은 없습니다. 그러나 블록체인이 제시하는 분산형 거버넌스 모델은 권한을 가진 사람들에게 견제와 균형을 제공함으로써 투명성과 책임성을 증가시키는 명백한 이점이 있는 것은 분명합니다.

 김승주 교수의 NFT 꿀팁

'다수결의 오류'란 말이 있습니다. 대부분의 사람들이 동의한다고 해서 그 생각이 꼭 옳은 것은 아니라는 뜻입니다. 블록체인도 마찬가지입니다. 특히 블록체인상의 구성원들은 내게 이익이 되느냐, 즉 내가 보상을 더 받을 수 있느냐 없느냐에 따라 움직이는 경향이 크기 때문에 이러한 다수결의 오류에 빠지기가 더 쉽습니다.

양자컴퓨터로 비트코인을
깰 수 있을까요?

"양자컴퓨터(quantum computer)가 비트코인과 같은 암호화폐나 블록체인의 보안에 위협이 될까요?" 필자가 강연중에 아주 많이 받는 질문 중 하나입니다.

1982년에 처음 소개된 양자컴퓨터는 양자역학 기술을 활용해 동작하는 컴퓨터입니다. 기존 컴퓨터가 0과 1만 구분할 수 있는 이진법을 사용하는 반면, 퀀텀비트(큐빗)라는 정보 단위를 사용하는 양자컴퓨터는 0과 1을 동시에 공존시킬 수 있습니다. 이러한 속성을 '중첩(superposition)'이라고 합니다. 이 속성으로 인해 양자컴퓨터의 연산 능력은 기존 컴퓨터와 비교 불가능한 수준이며, 상용화되면 암호화폐 기술의 기반인 블록체인 보안까지도 위협할 수 있다는 주장이 나옵니다.

IBM이 개발중인 양자 컴퓨터

출처: IBM

맞는 얘기입니다. 양자컴퓨터는 비트코인의 보안을 위협할 수 있습니다.

암호화폐 및 블록체인에 있어서 양자컴퓨터에 의해 가장 큰 영향을 받는 부분은 바로 '공개키 암호(public key cryptosystem)'[12]입니다. 암호화폐를 이용한 모든 거래가 블록체인에 포함되려면 전자서명이 첨부되어 있어야 하고, 이 전자서명을 생성·검증하는 데는 주로 '공개키 암호'란 기술이 사용됩니다. 현재 블록체인에서 가장 널리 활용되는 것은 타원곡선암호(elliptic curve cryptosystem)라 불리는 공개키 암호에 기반한 전자서명인데, 앞서 언급했듯 이는 양자컴퓨터의 공격에 안전하지 않습니다.

다행스러운 점은 양자컴퓨터 기술의 발전만큼이나 암호학계 또한 이러한 패러다임의 변화에 발 빠르게 대응해오고 있다는 것입니다. 이미 2016년 8월부터 미국을 중심으로 전 세계 암호학자들은 '양자내성암호(PQC: Post-Quantum Cryptography)'의 개발 및 표준화에 착수했습니다.

양자내성암호는 소인수 분해 문제(integer factorization problem)[13]나 이산 대수 문제(discrete logarithm problem)[14]가 아닌 양자컴퓨터로도 풀기가

어렵다고 알려진 다른 종류의 수학 문제들을 이용해 만들어지기 때문에 기존 기술에 비해 안전합니다. 또한 해시함수(hash function)나 비밀키 암호(secret key cryptosystem)[15]와 같은 블록체인 요소기술들은 키 길이를 증가시킴으로써 안전성을 증가시킬 수 있습니다. 이러한 PQC에 기반해 만들어지는 차세대 블록체인을 '양자내성 블록체인'이라고 하며, 양자컴퓨터가 현실화되는 순간 이미 기존의 블록체인들을 대체하고 있을 것입니다.

참고로 양자내성암호와 관련된 표준화 진행 상황은 아래 사이트에서 보실 수 있습니다.

미국 정부의 양자내성암호 표준화 추진 홈페이지

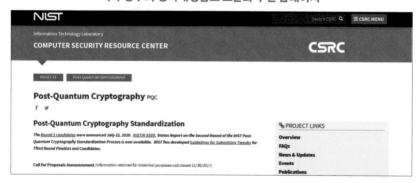

현재 3라운드가 진행중임. 한국에서는 고려대 정보보호대학원의 이동훈 교수 연구팀이 제안한 EMBLEM과 R.EMBLEM, 국가수리과학연구소의 심경아 박사팀이 제안한 HiMQ-3, 서강대의 김종락 교수팀이 제안한 McNie, 서울대의 노종선 교수 연구팀이 제안한 pqsigRM, 서울대 천정희 교수 연구팀이 제안한 Lizard 등 5개 팀이 1라운드를 통과했으나 아쉽게 모두 표준화 3라운드에 들지는 못했음.

출처: NIST csrc.nist.gov/Projects/post-quantum-cryptography/post-quantum-cryptography-standardization

2017년 IBM에서 5큐비트(qubit: 양자컴퓨터로 계산할 때의 기본 단위. 일반 컴퓨터는 정보를 0과 1의 비트단위로 처리하고 저장하는 반면, 양자컴퓨터는 정보를 0과 1의 상태를 동시에 갖는 큐비트 단위로 처리하고 저장함) 수준의 범용 양자컴퓨터 'Q'를 개발한 이후 각 기업에서는 고성능의 양자컴퓨터를 개발하기 위한 노력을 계속하고 있습니다. 이미 인텔의 탱글 레이크(Tangle Lake, 49큐비트), IBM의 벌새(Hummingbird, 65큐비트), 구글의 브리스틀콘(Bristlecone, 72큐비트) 등 향상된 성능의 양자컴퓨터가 개발되었으며, IBM 등에서는 2023년까지 1,000큐비트 이상의 양자컴퓨터를 개발할 계획입니다. 전문가들은 2030년에는 약 10,000큐비트의 양자컴퓨터가 상용화될 것으로 예상하고 있으며, 이럴 경우 현재 사용중인 공개키 암호는 쉽게 해독될 수 있을 것으로 예측하고 있습니다. 하지만 걱정하실 필요는 없습니다. 다시 한번 말하지만 그때쯤이면 이미 PQC 기술이 모든 블록체인에 적용되어 있을 테니 말입니다.

 김승주 교수의 NFT 꿀팁

흔히 보안을 창과 방패의 싸움에 비유합니다. 창과 방패의 싸움에서 무기가 새롭게 업데이트되면 방패 또한 새롭게 업데이트되어야 하듯 블록체인 보안도 마찬가지입니다. 영원히 안전한 기술은 존재하지 않습니다.

인터넷 전체를 탈중앙화하고자 했던 비탈릭 부테린의 꿈은 스마트 콘트랙트와 댑을 통해 점차 구체화되고 있습니다. 물론 댑의 개발이 활성화되면서 처리 속도 및 수수료 등에서 여러 크고 작은 문제점들을 노출하고 있는 것도 사실입니다만, 최근 세계 각지에서 다양한 기술들이 연구·개발되고 있는 만큼 충분히 극복 가능할 것으로 예측됩니다.

NFT를 탄생시킨
2세대 암호화폐,
이더리움

NFT

NFT
질문 TOP 09
알트코인이란 무엇인가요?

    '알트코인(Altcoin)'이라는 단어는 얼터너티브(alternative)와 코인(coin)의 합성어로, 사실상 비트코인을 제외한 모든 암호화폐들을 가리킵니다. 이러한 알트코인 중 대표적인 것에는 이더리움(Ethereum), 리플(Ripple), 테더(Tether), 비트코인 캐시(Bitcoin Cash), 비트코인 SV(Bitcoin SV), 라이트코인(Litecoin) 등이 있습니다.

    2018년 3월 11일 코인마켓캡 기준으로 1,523개였던 암호화폐는 2019년 8월 21일 2,457개, 2021년 3월 21일 8,899개, 2021년 4월 22일 9,420개를 거쳐 2021년 5월 23일 0시 30분을 기점으로 마침내 1만 개를 돌파합니다. [참고로 이러한 알트코인들에 대한 각종 정보는 코인마켓캡(coinmarketcap.com)이나 코인360(coin360.com)에서 보실 수 있습니다.]

코인마켓캡

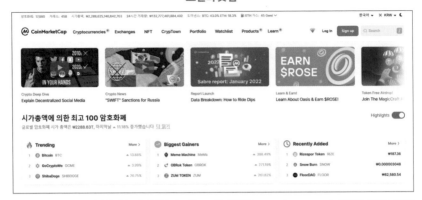

모든 암호화폐들의 시가총액을 확인해볼 수 있는 코인마켓캡(coinmarketcap.com) 사이트. 어떤 코인이 상대적으로 비싼지, 싼지를 객관적으로 체크해볼 수 있음.

출처: coinmarketcap.com

코인360

코인360(coin360.com) 사이트 화면에서 차지하는 면적은 시가총액을 보여주며, 녹색이면 가격 상승을 나타내고, 빨간색이면 가격 하락을 나타냄.

출처: coin360.com

이 모든 알트코인들이 각자 그 존재 의미와 기술적 가치가 있으면 좋겠으나, 현실은 그렇지 못합니다. 좋은 코인보다는 사기성 코인이 더 많은 것이 현실이고, 그러다 보니 전문가들은 연일 "스캠성 코인(사기성 코인)에 주의하라"고 말합니다.

더욱이 최근에는 유튜버들이 자신의 유명세를 이용해 구독자 등을 상대로 암호화폐 투자 사기를 치는 사례가 늘고 있습니다. 암호화폐에 대한 투자 권유 및 추천은 주식과 달리 투자자문 등 자격이 없는 사람도 가능해 이러한 사기 행각이 반복되고 있는 것입니다.

다행히 최근 인터넷에는 IsThisCoinAScam(isthiscoinascam.com)이나 쟁글(Xangle, xangle.io)과 같이 암호화폐의 가치를 평가해주는 다양한 사이트

IsThisCoinAScam

암호화폐 프로젝트 중 좋은 것과 나쁜 것을 검토할 수 있는 IsThisCoinAScam(isthiscoinascam.com) 사이트

출처: isthiscoinascam.com

쟁글

국내 최초의 암호화폐 정보공시 플랫폼인 쟁글(xangle.io)

출처: xangle.io

들이 존재합니다. 공부가 수반되지 않은 투자는 투자가 아닌 투기임을 명심
하시고 최소한의 암호화폐 공부는 생활화하시는 습관을 가지시는 게 좋겠
습니다.

 김승주 교수의 NFT 꿀팁

암호학 관점에서 봤을 때 암호화폐 및 블록체인에는 최신·최고급의 기술들이 쓰
이고 있습니다. 그러므로 암호화폐에 투자하실 때는 기술가치주를 바라보는 관
점에서 투자하실 필요가 있습니다.

NFT

질문 TOP 10

NFT에서 말하는 스마트 콘트랙트가 뭐죠?

'2세대 암호화폐'라고 불리는 이더리움(Ethereum)은 러시아계 캐나다 사람인 비탈릭 부테린(Vitalik Buterin)에 의해 처음 만들어졌습니다.

17세 때 컴퓨터 프로그래머인 아버지로부터 처음 비트코인에 대한 이야기를 들은 비탈릭 부테린은 19세가 되던 2013년에 이더리움의 설계도를 발표하고, 2015년에 이더리움을 세상에 공개합니다. 미국의 경제 전문 매거진 《포브스(Forbes)》는 2021년 기준 27세였던 비탈릭 부테린의 재산을 10억 달러로 평가했으며, 최연소 억만장자로 꼽기도 했습니다.

재미난 점은 사토시 나카모토와 달리 비탈릭 부테린은 암호화폐보다는 블록체인 기술 자체에 훨씬 더 많은 관심을 가졌다는 것입니다. 이에 그는 블록체인에 암호화폐 거래 기록만 저장하지 말고 소프트웨어도 함께 저장하자는 재미있는 아이디어를 냅니다.

블록체인에 소프트웨어, 즉 컴퓨터 프로그램을 저장하면 어떤 일이 벌어질까요? 해당 프로그램은 투명하게 모두가 볼 수 있을 것이며, 구성원들의 동의 없이 함부로 이를 수정하거나 삭제하는 것은 불가능할 것입니다. 이렇게 블록체인상에 등록된 컴퓨터 프로그램을 '스마트 콘트랙트(smart contract)'라고 합니다. 그러면 이런 스마트 콘트랙트를 통해 우리는 무엇을 할 수 있을까요?

인터넷상에서 우리가 만나는 대부분의 프로그램들은 클라이언트-서버(client-server) 구조로 동작합니다. 이를 우리가 연말정산하는 경우를 갖고 설명해보겠습니다. 각종 수입과 지출을 내 컴퓨터(클라이언트)에 입력하면, 그 정보는 국세청 내의 홈택스 서비스를 제공하는 서버로 전달됩니다. 해당 서버에서 내가 공제받을 세금을 계산하고 난 후, 이 최종 결과값은 내 컴퓨터 모니터로 전송되어 보여지게 됩니다. 즉 대부분의 프로그램 실행은 서버에서 이루어지고, 클라이언트에서는 해당 결과를 받아 보여주기만 하는 것이지요. 이를 클라이언트-서버 구조라고 부릅니다.

그런데 만일 서버가 해킹을 당한다든가 아니면 관리자의 고의 또는 부주의로 프로그램이 훼손된다면 어떻게 될까요? 세금 공제액이 더 적게 나오거나 반대로 더 많이 나와 개인이 피해를 보는 경우가 생길 수도 있을 것입니다. 스마트 콘트랙트를 이용하면 바로 이러한 문제를 효과적으로 해결할 수 있습니다.

설명을 조금 더 단순화하기 위해서 여기서는 1부터 10까지 더하는 김승주의 연말정산 스마트 콘트랙트가 있다고 가정하겠습니다. 1+2+3+4+5+6+7+8+9+10을 계산하는 프로그램이 블록체인에 저장된다면 투명성으로 인해 모든 이더리움 사용자들이 이 프로그램을 볼 수 있을 것입니다. 이를 본 이용자들은 자발적으로 덧셈 연산을 분담해 실행합니다.

① 예를 들어 이용자 A는 1+2를 국세청 서버를 대신해 수행합니다. 덧셈을 수행하고 난 결과값 3은 다시 블록체인에 저장됩니다.
② 또 다른 이용자 B는 자발적으로 블록체인에 저장된 중간 결과값 3과 스마트 콘트랙트에 있는 3을 더한 후 결과값 6을 블록체인에 다시 저장합니다.
③ 또 다른 이더리움 이용자 C는 앞서 계산되어 블록체인상에 저장된 중간 결과값 6과 스마트 콘트랙트상의 4를 더해 그 결과 10을 블록체

스마트 콘트랙트의 동작 원리

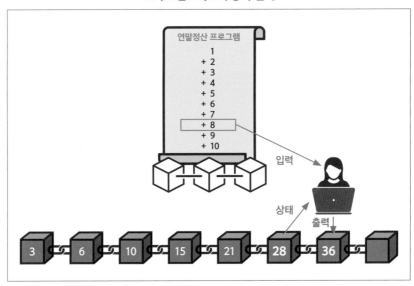

구성원들이 힘을 합해 서버의 역할을 대신하는 것이 특징임. 이른바 '서버의 탈중앙화'임.

인에 저장합니다.

④ 이렇게 해서 끝까지 반복하면 서버의 도움 없이도 모든 사용자들이 십시일반으로 힘을 합해 마침내 최종 결과값인 55를 계산해낼 수 있게 됩니다.

물론 이 경우 사용자들의 결과값이 상충될 수도 있습니다. 예를 들면 1부터 9까지 합산된 중간 결과값 45에 스마트 콘트랙트상의 마지막 값 10을 더하는 경우를 생각해봅시다. 이용자 D는 55라고 계산한 반면 거의 동시에 또 다른 이용자 E는 56이라고 계산했다면, 나머지 사람들이 투표를 통해 다수결로 최종 값을 결정하게 됩니다. 그래서 혹자는 스마트 콘트랙트를 '블록체인으로 보호되는 분산 튜링 머신(distributed Turing Machine with blockchain protection)'으로, 또 혹자는 '월드 컴퓨터(world computer)'로 표현하기도 합니다.

또한 이러한 스마트 콘트랙트는 누구든지 개발해 이더리움 블록체인에 등록할 수 있습니다. 구글과 애플이 직접 스마트폰 앱을 만들지 않고 구글 플레이스토어나 애플 앱스토어를 통해 다른 개발자들이 자신이 만든 앱을 업로드할 수 있는 공간만을 제공하듯, 이더리움은 사람들이 개발한 스마트 콘트랙트 프로그램을 올릴 수 있는 공간을 제공합니다. 바로 이러한 이유로 이더리움은 비트코인과 같은 단순한 화폐가 아니라 '화폐인 동시에 플랫폼' 또는 '플랫폼 코인(platform coin)' 등으로 불리며, 그래서 혹자는 비트코인을 '황금'에, 이더리움을 '석유'에 비유하기도 합니다.

이더리움에서 시작된 스마트 콘트랙트 기능은 이제 3세대 암호화폐로 불리는 카르다노(Cardano)나 최근 인기를 끌고 있는 솔라나(Solana) 등에서도 제공됩니다. 또한 이러한 스마트 콘트랙트는 NFT 거래 시 중앙 서버의 도움 없이도 개인 간에 P2P 방식으로 수행하는 것도 가능케 합니다. 이에 대해서는 뒤에서 좀 더 자세히 설명하도록 하겠습니다.

 김승주 교수의 NFT 꿀팁

기존의 클라이언트-서버 시스템은 모든 정보가 중앙에 있는 서버로 집중되기 때문에 중앙을 차지한 사람이 의사결정 권한을 가집니다. 하지만 스마트 콘트랙트는 중앙이 따로 없으므로 권위를 가진 존재가 없으며, 블록체인상에서의 모든 거래나 활동이 중개기관 없이 이루어지게 하는 것을 가능하게 합니다. 이러한 개념은 이후 DAO(탈중앙화된 자율조직)로까지 발전합니다.

NFT
질문 TOP 11
가스 비 혹은 거래 수수료란 어떤 것을 말하나요?

앞에서 스마트 콘트랙트 얘기를 들으신 분들 중에는 "과연 누가 내 것도 아닌 남의 프로그램을 대신 실행시켜 주겠냐?"며 실현 불가능한 개념이라고 비난하시는 분들도 계실 겁니다.

맞습니다. 블록체인에서와 마찬가지로 스마트 콘트랙트 또한 동기부여 장치가 없다면 그 누구도 자신의 컴퓨터를 이용해 남의 프로그램을 대신 수행해주지는 않을 것입니다. 그래서 비탈릭 부테린이 내놓은 개념이 바로 '현상금 붙은 프로그램'입니다.

앞선 김승주의 연말정산 스마트 콘트랙트에서 각 더하기 연산자마다 암호화폐인 이더리움이 현상금으로 걸려 있다고 가정해봅시다. 각 더하기(+)마다 1이더리움이 걸려 있어서 이용자 A가 1+2를 대신 수행할 경우 이 1이

더리움은 김승주의 전자지갑 계좌에서 A의 전자지갑으로 이체됩니다. 계속해서 이용자 B가 중간 결과값 3과 스마트 콘트랙트에 있는 3을 대신 더해준다면 또다시 1이더리움이 김승주의 전자지갑에서 B의 전자지갑 계좌로 이체됩니다.

만일 이용자들의 결과값이 서로 상충된다면 다수결로 옳다고 인정받은 값을 계산한 사람, 즉 D가 1이더리움을 가져갑니다. 이 현상금을 가스 비(gas fee) 또는 거래 수수료(transaction fee)라고 합니다. 스마트 콘트랙트의 경우 블록체인상에 저장되어 있기 때문에 이 거래 수수료는 중간에 갑자기 취소할 수 없습니다. 물론 단점도 존재합니다. 이더리움 블록체인상에는 수많은 스마트 콘트랙트들이 등록되어 있는데, 사람들은 본능적으로 수수료가 높은 스마트 콘트랙트 연산부터 먼저 수행하려고 한다는 것입니다. 때문에 자신의 스마트 콘트랙트를 먼저 실행시키고자 하는 사람은 남들보다 더

크립토키티에서 아이템 구매 시
거래 수수료(0.005438 ETH)를 별도로 입력하는 화면

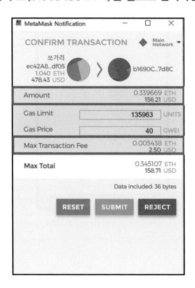

높은 수수료를 현상금으로 걸어야 하는데 이를 '수수료 경쟁'이라고 합니다. 과도한 수수료 경쟁은 배보다 배꼽이 더 큰 경우를 양산해내므로, 최근 이더리움 개발자들은 이를 개선하기 위해 많은 노력을 하고 있습니다.

 김승주 교수의 NFT 꿀팁

기존 클라이언트-서버 시스템에서는 수수료를 서버 운용 회사에 지불하든가 아니면 그 대신에 내 개인정보를 입력하거나 원치 않는 광고를 의무적으로 봐야 했습니다. 스마트 콘트랙트에서는 이 수수료를 서버가 아닌 이용자들에게 지불한다고 보시면 됩니다.

NFT↗

질문 TOP

12 댑과 스마트 콘트랙트는
어떻게 다른가요?

종종 스마트 콘트랙트와 탈중앙화된 앱(DApp: Decentralized App)을 혼용해서 쓰는 경우를 보게 됩니다. 비슷하긴 하지만 이 둘은 엄연히 다릅니다.

댑(DApp)이란 블록체인상에 저장되고 탈중앙화된 형태로 동작하는 스마트 콘트랙트 부분과 그 외의 부분으로 이루어진 프로그램 전체를 일컫는 말입니다. 이때 스마트 콘트랙트에는 엄격한 검증을 거친 비즈니스의 핵심 로직이 프로그래밍되어 담겨지게 되며, 다른 부분에는 사용자 인터페이스를 포함한 나머지 기능들이 프로그래밍됩니다.

2장_NFT를 탄생시킨 2세대 암호화폐, 이더리움 **69**

댑의 구조

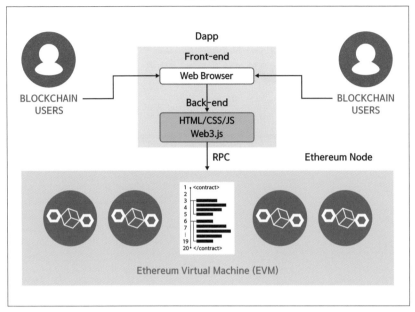

댑은 이더리움 블록체인상에 저장되는 스마트 콘트랙트(그림 하단의 <contract>라고 쓰인 부분)와 그 외의 부분(그림 상단의 Front-end, Back-end로 기록된 부분)으로 구성되어 있음.

출처: "Design of the Blockchain Smart Contract: A Use Case for Real Estate", Journal of Information Security Vol.9 No.3, July 2018

클라이언트-서버[이른바 백엔드(back end)] 구조의 인터넷에서 서버를 대체하기 위해 만들어진 스마트 콘트랙트는 블록체인상에서 동작하는 프로그램이기 때문에 일단 한 번 등록되면 업데이트가 매우 어려우며, 실행되기 위해서는 '가스 비'라고도 불리는 별도의 처리 수수료를 추가로 요구합니다.

그러므로 프로그램에서 반드시 신뢰되어야 하고, 탈중앙화되어야 하는 부분만을 선별해 최소한의 영역만을 블록체인에 등록하는 것이 여러모로

전자화폐의 분류

댑 (DApp)	스마트 콘트랙트(Smart Contract)
블록체인이 가능한 일종의 웹사이트	댑을 블록체인과 연결해줌
개별 프로그램	연결자(connector)로서의 역할을 수행
백엔드 코드에 해당하는 부분은 탈중앙화된 프로그램인 스마트 콘트랙트상에서 실행됨	댑의 일부로서 엄격하게 검증된 작은 코드
온전한 컴퓨터 프로그램	댑 프로그램의 작은 구성 요소

유리합니다. 바로 이것이 댑과 스마트 콘트랙트를 분리하는 이유입니다.

댑과 스마트 콘트랙트의 차이를 간단히 표로 정리해보면 위와 같습니다.

현재 스마트 콘트랙트를 개발하기 위한 몇 가지 다른 프로그래밍 언어들이 있습니다. 자바스크립트(JavaScript)와 유사하고 파일 확장자가 .sol인 '솔리디티(Solidity)', 확장자가 .se인 파이썬(Python)과 유사한 '서펀트(Serpent)', 리스프(Lisp)를 기반으로 하는 '3rd', 'LLL' 등이 있습니다.

이것들 중에서 가장 인기 있는 것은 솔리디티입니다. 솔리디티는 최초의 이더리움용 스마트 콘트랙트 프로그래밍 언어이자 이미 광범위한 개발자 커뮤니티가 형성되어 있기 때문에 문제가 있을 때 쉽게 도움을 받을 수 있으며 파이썬, 자바 및 C++와 같은 인기 있는 프로그래밍 언어로 코딩하는 방법을 이미 알고 있다면 배우기도 쉽습니다.

이더리움 외에도 솔리디티를 사용하는 블록체인에는 텐더민트(Tendermint), 바이낸스 스마트체인(Binance Smart Chain), 이더리움 클래식(Ethereum Classic), 트론(Tron), 아발란체(Avalanche), 카운터파티(CounterParty) 및 헤데라(Hedera)가 있습니다.

솔리디티 스마트 콘트랙트 프로그램 예제

```solidity
pragma solidity ^0.8.7;

contract MyContract {

    constructor() public{

        value = "My value";
    }

    string public value;

    function get() public view returns (string memory){
        return value;
    }

    function set(string memory _value) public{
        value = _value;
```

끝으로 dapps.ethercasts.com 사이트에는 여러 사람들이 작성한 각종 댑 프로그램들이 있으니 본격적으로 스마트 콘트랙트 프로그래밍을 공부하시고 싶은 분들께서는 이를 참고하는 것도 좋겠습니다.

 김승주 교수의 NFT 꿀팁

댑을 만들 때는 프로그램의 핵심 로직, 즉 절대로 변해서는 안 되며 만일 수정을 요할 경우 구성원들 다수의 동의가 필요한 부분을 선별하는 일이 무엇보다 중요합니다.

NFT
질문 TOP
13
암호화폐는 정말
내재가치가 없나요?

암호화폐에 대해 부정적인 의견을 가진 대부분의 사람들이 주장하는 것이 "암호화폐는 프로그램으로 얼마든 찍어낼 수 있기에 내재가치가 없다" 입니다. 결론부터 말하면 이는 잘못된 말입니다.

화폐란 것은 본디 해당 화폐를 발행하는 주체, 그리고 그 화폐를 가치적 도구로 인정하는 집단에 의해 그 특성이 결정됩니다. 우선 화폐의 발행주체에 대해 논의해보겠습니다.

베트남 전쟁 개입 등으로 미국의 무역수지 적자가 큰 폭으로 확대되고 오일쇼크까지 발생하면서 미국은 달러를 찍어내기 시작했고, 결국 1971년 8월 닉슨 대통령은 금태환제(gold exchange standard)를 포기합니다.[16] 2008년 글로벌 금융위기 당시에도 미국 중앙은행은 엄청난 양의 달러를 찍어내 부실 채권을 매입함으로써 통화량을 늘리는 양적완화 정책을 추진했습니다. 코로나19 팬데믹으로 경제가 봉쇄되었던 2020년 3~4월에도 역대급 무제한 양적완화와 회사채 매입이 시행되었습니다. 이렇듯 기존의 법정화폐는 발권력을 가진 중앙은행이 결정할 경우 언제든 돈을 만들어내는 것이 가능합니다.

암호화폐 또한 프로그램을 수정하면 얼마든지 많은 돈을 생성해낼 수 있습니다. 다만 블록체인을 이용하기 때문에 이를 중앙 정부가 독단적으로 결정하는 것은 불가능하며, 해당 암호화폐 사용자들 전체의 동의가 있어야만 가능합니다. 그나마 비트코인의 경우에는 총 발행량이 2,100만 개로 고정되어 있습니다.

두 번째로 화폐의 가치에 대해 논의해보겠습니다. 미국 달러에서 볼 수 있듯이 화폐의 가치 및 안정성은 해당 화폐에 대한 신뢰를 얼마나 많은 사람들이 공유하고 있느냐에 달려 있습니다. 여기서 신뢰란 유발 하라리(Yuval Noah Harari)가 그의 베스트셀러 『사피엔스(Sapiens)』에서도 언급했듯 정치·사회·경제가 결합된 매우 복잡한 관계의 산물입니다.

비트코인의 경우 2021년 기준으로 전 세계 약 1억 600만 명의 인구가 보유하고 있으며, 일일 비트코인 사용자 수는 40만 명으로 알려져 있습니다.[17] 더군다나 최근 블록체인 분야의 킬러앱이라고 불리는 NFT(Non-Fungible Token, 대체불가능토큰)가 등장하면서 사용자 수가 더욱 빠르게 증가하고 있는 실정입니다. 가치의 안정성 측면에서도 가격 변동성을 최소화하도록 설계된 '스테이블 코인(stable coin)'이란 것이 이미 존재합니다. 이들은 보통 가격을 일정하게 유지하기 위해 법정화폐를 담보로 잡아 발행하는데, 대표적인 스테이블 코인인 테더(Tether, USDT)의 경우 1개의 테더를 발

74

행하기 위해 1달러를 은행 계좌에 담보로 예치해야 합니다.

이외에 암호화폐는 기존 법정화폐가 하지 못하는 부가적인 기능까지도 제공할 수 있습니다. 2세대 암호화폐로 불리는 이더리움의 경우 블록체인에 코인 거래 기록 외에 다양한 컴퓨터 프로그램(이른바 스마트 콘트랙트)까지 등록할 수 있게 함으로써 시간이 지날수록 게임, DAO(Decentralized Autonomous Organization, 탈중앙화된 자율조직), DeFi(Decentralized Finance, 탈중앙화된 금융서비스), NFT 등 다양한 부가 서비스를 지원할 수 있도록 설계되었습니다. 마치 구글과 애플이 구글 플레이스토어나 애플 앱스토어를 통해 앱을 자유롭게 업로드할 수 있는 공간을 마련해줌으로써 스마트폰의 기능을 점점 더 다양하게 만들어가는 것처럼 말입니다. 바로 이러한 이유로 이더리움은 비트코인과 같이 단순한 화폐가 아니라 '화폐인 동시에 플랫폼', '다른 코인의 개발을 도와주는 코인', '월드 컴퓨터(the world computer)' 등으로 불리며, 그래서 혹자는 비트코인을 '황금'에, 이더리움을 '석유'에 비유하기도 합니다.

이렇듯 암호화폐를 단순히 내재가치가 없다고 폄훼하는 것은 암호화폐와 블록체인을 매우 피상적으로 이해하는 상태에서만 나올 수 있는 얘기들입니다. 우리가 애플의 앱스토어를 대단한 발명품으로 인정하고 투자할 가치가 있다고 생각한다면 암호화폐 또한 그렇게 평가되고 대접받아야 합니다. 암호화폐가 단순 화폐의 기능을 뛰어넘어 어디까지 진화할지 귀추가 주목된다고 하겠습니다.

단, 여기서 주의하셔야 할 것이 있습니다. 제가 위에서 "암호화폐가 기존 법정화폐가 하지 못하는 부가적인 기능까지도 제공할 수 있다"고 말했다고 해서, 이것이 곧 암호화폐가 법정화폐를 대체한다는 의미는 아니라는 것입니다. 세상에는 LG전자, 삼성전자, HP, 델(Dell), 에이수스(ASUS) 같은 대기업에서 출시된 브랜드 PC와 용산의 조립형 PC가 공존하듯이 법정화폐와 암호화폐는 상당 기간 공존하며 서로의 장점을 흡수·진화해나갈 것입니다.

 김승주 교수의 NFT 꿀팁

암호화폐를 단순히 디지털 통화나 금으로 보고 투자하는 것은 매우 위험한 일입니다. 기반이 되는 블록체인의 기술적 가치와 확장성, 그리고 제시하는 비즈니스 모델의 지속가능성을 보고 투자하셔야 합니다. 바로 이것이 많은 전문가들이 이더리움 같은 플랫폼 코인을 보다 더 선호하는 이유이기도 합니다.

NFT

레이어-2 확장성 솔루션이
왜 중요한가요?

레이어(layer)는 말 그대로 '층, 단계'를 의미합니다. 레이어-2 확장성 솔루션이란 자주 실행하는 거래를 원 블록체인(레이어-1)에서 다른 곳(레이어-2)으로 옮겨 수행함으로써 레이어-1의 부담을 줄이고, 속도를 향상시키며, 이용자의 수수료 부담 또한 줄이자는 것입니다. 혹자는 레이어-1을 '온체인(on-chain)', 레이어-2를 '오프체인(off-chain)'이라고도 합니다.[18]

예를 들어 자주 가는 별다방 커피숍이 있다고 상상해봅시다. 모든 사람들이 커피숍에 갈 때마다 신용카드를 이용해 결제한다면 고객이 많이 몰리는 점심시간 때는 신용카드 결제망에 과부하가 걸리게 될 것이고, 이는 곧 카드승인 속도 저하로 이어지게 됩니다. 하지만 만일 고객들로 하여금 매장에서 주문할 때에 사용할 수 있는 충전식 선불카드인 별다방 카드를 사용하게 한다면, 처음 별다방 카드를 충전할 때만 신용카드를 이용하고 그 후에는 별다방 카드로 결제하면 되기 때문에 신용카드 결제망에 걸리는 과부하 및 결제 수수료 등을 절감할 수 있습니다. 여기서 신용카드 결제망이 레이어-1(온체인)에 해당하고, 별다방 카드는 레이어-2(오프체인) 확장성 솔루션에 해당합니다.

이미 이더리움을 중심으로 레이어-2 솔루션은 여러 분야에 적용되기 시작했으며, 앞으로 암호화폐 및 블록체인 생태계에 큰 변화를 불러올 것이라 예상되고 있습니다. 하지만 레이어-2 솔루션이 아직 완벽한 것은 아닙니다. 현재 비트코인의 라이트닝 네트워크(Lightning Network), 이더리움의 라이덴 네트워크(Raiden Network), 플라즈마(Plasma), 롤업(Rollups) 등의 다양한 레이어-2 확장성 솔루션들이 연구·개발되고 있기는 하지만 아직은 기밀성, 개인정보 보호, 탈중앙화 및 수수료 대비 처리 속도 측면에서 여러 크고 작은 문제점들을 노출시키고 있습니다.

레이어-2 확장성 솔루션에서는 일정 금액을 레이어-2의 별다방 카드에 충전할 때와 쓰고 남은 잔액을 다시 레이어-1의 신용카드에 환급할 때, 해당 금액이 정확한지에 대해 두 당사자가 합의해야 합니다. 그런데 문제는 분쟁 발생 시 이를 중재해줄 중앙의 신뢰기관이 없기 때문에 두 당사자 중 한 명이라도 이런저런 이유를 대며 환급을 지연시킬 경우 억울하게 피해를 입는 사람이 발생할 수 있다는 것입니다. 이를 해결하기 위해 라이트닝 네트워크나 라이덴 네트워크에서는 HTLC(Hashed Time Lock Contract)라는 기술을 이용합니다. 또한 레이어-2, 즉 별다방 카드의 결제망을 구축하는 비용이 너무 크면 이용자들에게 수수료 부담 문제가 발생할 수 있는데, 이를 위해 레이어-2에서는 적절한 라우팅(routing) 알고리즘을 설계하는 것이 매우 중요합니다. 그런데 이는 생각보다 쉽지 않으며, 지불 금액과 관련한 기밀성 및 프라이버시 보호 그리고 탈중앙화 등에 있어 문제가 발생할 수 있습니다.

플라즈마는 라이트닝 네트워크 고안자인 조셉 푼(Joseph Poon)과 비탈릭 부테린(Vitalik Buterin)이 2017년에 제안한 이더리움용 레이어-2 확장성 솔루션입니다. 플라즈마는 사이드체인 개념을 확장해 거래승인 지연과 수수료 부담을 줄였습니다.[19] 이때 레이어-2에서 발생할 수 있는 보안 문제를 해결하기 위해, 플라즈마에서는 사이드체인에서 발생한 여러 거래 정

플라즈마

비대한 블록체인의 처리 속도 문제를 해결하기 위해 개발된 것으로, 거래 내역을 자식체인(child chain)에서 처리하고 최종 결과만을 메인체인(main chain)으로 전달해 관리하는 방식. 암호화폐가 사용되는 응용 분야별로 체인을 분리해서 관리할 수 있음.

보들을 머클 트리 기술을 통해 하나로 압축(요약)한 후 이를 레이어-1 체인에 정기적으로 공개합니다. 그러나 사이드체인에서 구동되는 합의 방식은 속도 개선에 주력한 나머지 레이어-1 체인에서 사용되는 합의 방식에 비해 탈중앙화나 안전성이 떨어질 수 있으며, BWA(Block Withholding Attack) 공격 등에도 취약합니다.

끝으로 2018년에 제안된 롤업은 레이어-1과 레이어-2 사이의 하이브리드(hybrid) 솔루션으로, 앞서 설명했던 플라즈마와 유사합니다. 롤업은 플라즈마에서처럼 압축 정보만을 레이어-1 체인에 업로드하는 것이 아니라 레이어-2에서 발생한 모든 거래와 관련한 정보들을 바로 레이어-1에 공개 저장합니다. 이때 개인정보 보호를 위해 지캐시(Zcash)에서 이용하는 영지식 증명(zero-knowledge proof) 기술이 사용될 수 있습니다. 그러나 그렇다 할지라도 레이어-2의 모든 거래 관련 정보들이 레이어-1에 저장되어 모두에게 투명하게 공개되기 때문에 개인정보 보호 수준은 라이트닝 네트워크나 라이덴 네트워크에 비해 떨어지며, 영지식 증명은 탈중앙화에 있어서도 문제를 야기할 수 있습니다.

 김승주 교수의 NFT 꿀팁

레이어-2 솔루션은 블록체인의 처리 속도를 개선하는 데 있어서 매우 중요한 역할을 합니다. 그러나 레이어-2 솔루션이 블록체인의 탈중앙성을 훼손시킨다는 비난이 있는 것도 사실입니다.

NFT
질문 TOP
15

백서란 무엇이며,
좋은 백서의 기준이 뭔가요?

주식투자 시 대다수의 전문가들은 "관련 회사에 대해 공부하고 시장상황을 예측하려는 노력이 필요하다"고들 말합니다. 더 나아가 어떤 전문가들은 "재무제표를 볼 줄 모르면 주식투자를 절대로 하지 말라"고 얘기하기도 합니다.

암호화폐나 NFT도 마찬가지입니다. 암호화폐와 관련된 모든 정보는 백서(white paper)를 통해 인터넷상에 공개하게 되어 있고, 이를 구현한 소스코드 또한 오픈소스 형태로 공개하는 것이 원칙입니다. 그래서 투자자들은 공개된 백서와 소스코드만 제대로 살펴봐도 꽤 유용한 정보들을 많이 얻을 수 있습니다.

백서란 잠재적인 투자자들을 설득하기 위해 암호화폐 개발자가 자신이 작업중인 프로젝트의 목적과 이를 위해 사용되는 기술들을 통계, 다이어 그램, 수학 공식과 같은 다양한 형태의 데이터를 활용해 설명하는 문서입니다.[20] 그렇다면 좋은 백서란 어때야 할까요?

- 스타일: 일반적으로 대다수의 백서는 워드(MS-Word) 문서나 파워포인트(PPT) 형식으로 작성되어 있습니다. 사실 백서의 내용이 훨씬 더 중요하지만 외관상 모습도 무시할 수는 없습니다.
- 시장 분석 및 문제점 제시: 진입하고자 하는 시장의 규모를 분석하고 현재 시장상황 및 본인이 해결하려는 문제를 정확하게 정의해야 합니다. 이때 시장을 예측하는 데 있어 근거 없는 가정을 하지 않는 것이 무엇보다 중요합니다.
- 해당 문제를 해결하는 방법 및 제품 설명: 제안하는 해결책에 대한 상세한 기술 설명이 있어야 하며, 본인의 해결책에서 암호화폐 및 블록체인의 효용이나 기능이 정확히 무엇인지에 대해 기술되어 있어야 합니다. 막연히 "암호화폐를 주니까 사람들이 몰릴 겁니다"라는 식의 설명은 곤란합니다. 또한 왜 꼭 블록체인을 써야 하는지, 대체 가능한 다른 기술들은 없는지, 블록체인을 써야만 한다면 어떤 종류의 블록체인을 사용해야 하는지가 그 이유와 함께 상세히 설명되어야 합니다.
- 가치 유지 방안: 제안하는 암호화폐의 가치가 어떻게 지속적으로 유지될 수 있는지에 대한 자세한 수학적 분석이 수반되어야 합니다. 특히 초기에 개발자들에 의해 채굴된 암호화폐들이 어떻게 분배되고 어떠한 용도로 사용될지에 대해서도 언급되어 있어야 합니다.
- 개발 로드맵: 향후의 작업 계획을 알려줘야 합니다. 이상적으로는 향후

12~24개월 동안의 심층 작업 계획이 제시되어야 합니다. 또한 여기에는 제품(플랫폼)이 사용자에게 언제 제공될 것인지, 암호화폐가 언제 출시될 것인지와 같은 세부사항이 포함되어야 합니다.

- 개발 투명성 확보 방안: 제시한 로드맵이 충실히 지켜지고 있는지 여부를 쉽게 확인할 수 있도록 소셜미디어 채널 등을 사용해 투자자에게 제품 개발 상태에 대한 정보를 제공할 방법을 명시해야 합니다. 이미 개발중인 경우에는 백서에 깃허브(GitHub)와 같은 코드 저장소를 명기해야 합니다.

- 전체 팀 개요: 팀원의 프로필을 포함하면 투자자의 신뢰와 관심을 높이는 데 실제로 도움이 됩니다. 이때 실제로 참여하지도 않은 유명인들을 개발자 명단에 끼워 넣어 투자자를 속이는 경우가 있습니다. 또한 암호화폐나 블록체인에 대해 비전문가임에도 외국 유명 대학 출신인 경우 그냥 이름만 빌려 팀원으로 소개하는 경우도 많으니 조심하셔야 합니다.

- 법 준수 여부: 모든 관련 법률을 준수하고 있음을 입증하십시오. 투자자들은 법에 따라 암호화폐 프로젝트에 투자하기를 희망합니다.

- 객관적 검증: 백서는 가볍게 읽을 수 없기 때문에 특히 기술에 정통하지 않은 경우 백서를 어떻게 읽어야 할지, 그 진위를 어떻게 판별할수 있을지 혼란스러울 수 있습니다. 그래서 최근에는 저명한 학술대회에 백서를 논문 형태로 발표함으로써 공개 검증을 받으려는 시도가 늘고 있습니다. 전문용어를 남발해 겉모습만 그럴듯해 보이는 백서의 진위를 가려내는 데 매우 유용하고 객관적인 방법입니다.

언급된 9가지 항목은 좋은 백서를 구성하는 데 필요한 최소한의 요소들일 뿐입니다. 인터넷에는 수천 개의 과거 백서 예제가 있습니다. 다양한 암호화폐 백서를 더 많이 읽을수록 각 프로젝트의 장단점을 더 잘 이해할 수 있음을 명심하시고, 투기가 아닌 투자가 되기 위해 꾸준히 공부하는 습관을 길러야 하겠습니다.

 김승주 교수의 NFT 꿀팁

투자금을 유치하려는 개발자 입장에서나, 손실을 보지 않으려는 투자자의 입장에서나 백서는 무척 중요합니다. 특히 별다른 내용도 없으면서 전문용어만 남발해대는 백서는 조심해야 합니다. 최근 외국에서는 백서 자체를 논문의 형태로 만들어 전문 학술대회에서 발표함으로써 객관적 검증을 시도하려는 사례가 늘고 있습니다.

NFT↱

16

ICO란 무엇이고, 어떻게 진행되나요?

IPO(Initial Public Offering, 기업 공개)란 비상장기업이 유가증권시장이나 코스닥시장에 상장하기 위해 그 주식을 법적인 절차와 방법에 따라 불특정 다수의 투자자들에게 주식을 팔고 재무내용을 공시하는 것을 말합니다.

IPO를 하기 위해서는 우선 대출 등을 통해 초기자금을 마련한 후 회사를 설립해 제품을 개발해야 하고, 이를 통해 3년 이상 꾸준히 매출을 발생시켜야 합니다. 이러한 실적을 바탕으로 '자본시장과 금융투자업에 관한 법률'과 '유가증권시장 상장규정'에 따른 요건(기업규모, 분산, 경영성과 안전성, 건전성 등)을 갖췄는지를 심사받아야 하며, 이를 통과하면 상장해 주식을 발행함으로써 더 큰 자금을 모집할 수 있게 됩니다. 문제는 이러한 일련의 과정들이 절대 쉽지 않다는 것입니다. 그래서 등장한 것이 ICO입니다.

ICO란 Initial Coin Offering(코인 공개 또는 암호화폐 공개)의 줄임말로 '암호화폐를 통한 투자 유치'를 말합니다. 예를 들어 획기적으로 새로운 암호화폐인 KSJ코인을 만들 아이디어를 가진 개발자가 있다고 하겠습니다. 우선 개발자는 자신의 아이디어를 바탕으로 KSJ코인을 만들게 된 동기, 목적, 운영 방식, 전망 등의 내용을 담은 백서(white paper)를 제작합니다. 이제 개발자는 백서를 사람들에게 공개하고 비트코인이나 이더리움으로 투자를 받습니다. 이때 투자한 사람들에게는 투자한 비트코인이나 이더리움을 백서에서 정한 환율에 따라 신생 KSJ코인으로 바꿔줍니다. 예를 들어 비트코인 1개당 5개의 KSJ코인으로 교환해주는 식입니다.

대부분의 ICO는 이더리움에서 이루어지지만 최초의 ICO인 마스터코인(Mastercoin)은 비트코인 네트워크상에서 이루어졌습니다. 2013년에 마스터코인 개발자들은 누구나 마스터코인을 구입할 수 있는 한 달간의 기금 마련 행사에 착수합니다. 투자자가 비트코인(BTC) 1개를 Mastercoin Exodus Bitcoin 주소로 보내면, 그 사람은 마스터코인 100개와 판매가 끝날 때까지 주당 10개의 마스터코인을 받게 됩니다. 이 ICO를 통해 마스터코인 개발자

ICO의 창시자이자 마스터코인의 첫 번째 ICO를 이끈 JR 윌렛(J.R. Willett)
출처: 해시넷 위키

들은 당시 가치로 약 50만 달러에 해당하는 5,120개 이상의 비트코인을 모금했습니다.

ICO는 개발자에게는 더할 나위 없이 좋은 자금 모집 수단입니다. 백서만으로 투자를 유치할 수 있기 때문에 개발 초기에 대출 등을 받지 않아도 되며, 비트코인이나 이더리움 같은 암호화폐로 투자를 받기 때문에 대한민국만이 아닌 전 세계에서 투자를 받는 것이 가능합니다. 하지만 투자자 입장에서 봤을 때는 엄청난 고위험도 상품이기도 합니다. 투자자들은 실물이 없는 상태에서 백서만으로 사업의 성공 여부를 가늠해야 하며, 비트코인 대비 KSJ코인의 가치로 1:5란 비율이 적정한지를 오롯이 투자자가 혼자서 판단해야 합니다. 더욱이 KSJ코인이 사전에 공개한 백서 내용대로 제대로 개발되고 있는지 여부 또한 투자자가 확인해야 합니다. 그래서 미국을 비롯한 많은 나라들에서는 ICO를 매우 위험한 고위험도 투자 상품으로 분류하고 있으며, 아예 이를 금지하고 있는 나라들도 상당수입니다.

미국과는 달리 ICO에 친화적인 나라들도 있습니다. 대표적인 곳이 스위스의 추크(Zug)입니다. 이곳은 암호화폐 친화적인 자세와 많은 ICO로 인해 '암호 밸리(Crypto Valley)'라는 애칭으로 불리기도 합니다. 싱가포르 또한 ICO에 우호적입니다. 그러나 싱가포르에서 ICO를 시작하기 위해서는 비영리 재단으로 등록하고 KYC(Know Your Customer: 금융기관이 고객과 거래 시 고객의 성명과 실지명 및 주소, 연락처 등을 확인하라는 것) 및 AML(Anti Money Laundering: 국내외적으로 이루어지는 불법 자금의 세탁을 적발 및 예방하기 위한 법적·제도적 장치)을 준수해야 수월합니다.

러시아는 처음부터 암호화폐와 블록체인 기술을 강력하게 지지해왔습니다. 블라디미르 푸틴(Vladimir Putin) 대통령은 이더리움 창시자 비탈릭 부테린(Vitalik Buterin)에게 큰 관심을 보였고, 정부는 자체 국가 암호화폐 도입 계획을 제안하기도 했습니다. 이로 인해 러시아는 ICO를 시작하려는 사람들에게 친근한 환경이 되었습니다. 에스토니아 또한 ICO를 시작하기에 매력적인 국가이며 지브롤터, 케이맨 제도, 이스라엘 등도 ICO를 시작하기에 좋은 나라입니다.

　　ICO 외에 최근 떠오르는 투자 방식으로 IEO(Initial Exchange Offering)란 것도 있습니다. IEO란 암호화폐의 신뢰성을 거래소로 하여금 우선 검증케 한 것으로, 거래소에서 1차 검증을 마친 신규코인에 대해 투자자가 투자할 수 있도록 했기에 직접 투자하는 ICO보다는 IEO쪽이 좀 더 안전하다고 할 수 있습니다. 또한 ICO는 해당 암호화폐의 상장 여부가 불명확하지만 IEO는 거래소를 통해 판매가 보장된다는 특징이 있습니다. 물론 거래소 자체가 매수·매도 수수료를 통해 운영되는 곳이다 보니 거래소의 검증 기준 자체를 신뢰할 수 없다는 주장도 제기되고 있긴 합니다.

 김승주 교수의 NFT 꿀팁

개발자 입장에서 보면 더할 나위 없이 좋을지 모르나 투자자의 입장에서 봤을 때 ICO는 매우 위험한 투자 방식입니다. 실제 해외의 경우에도 ICO는 2017~2018년 급격히 증가했다가 지금은 빠르게 감소중입니다.

블록체인에 보관된 등기권리증인 NFT는 디지털 콘텐츠 자체에 대한 불법 복제를 막아주지는 못하지만, 원본과 복사본을 구별 가능하게 해줌으로써 해당 디지털 콘텐츠에 희소성을 부여해줍니다. 그러나 NFT라고 해서 무조건적으로 높은 가격에 거래되는 것은 대단히 잘못된 것이며, NFT의 가치는 원본 콘텐츠의 힘(역사성, 상징성, 팬덤 등)에서 나온다는 사실을 반드시 명심해야 합니다.

3장

NFT의 의미와 탄생 배경 및 역사에 대해 살펴보자

NFT

NFT↑
질문 TOP
17
코인과 토큰은
어떻게 다른가요?

전자화폐(electronic cash)는 위폐(가짜 화폐)의 단속을 은행이 하느냐, 아니면 블록체인으로 하느냐에 따라 가상화폐(virtual currency)와 암호화폐(cryptocurrency)로 나뉩니다. 이때 암호화폐는 다시 '코인(coin)'과 '토큰(token)'으로 분류될 수 있습니다.

비트코인이나 이더리움같이 독자적인 블록체인을 갖고 이를 통해 암호화폐를 만들었을 때 우리는 그것을 코인이라고 부릅니다. 문제는 이렇게 자체적으로 블록체인을 설계하고 구현하는 일이 그다지 쉽지는 않다는 것입니다.

그래서 이더리움에서는 일반인들이 이더리움 블록체인을 활용해 좀 더 쉽게 암호화폐를 발행할 수 있도록 관련 표준인 ERC-20과[21] 도구를 제공하고 있습니다. 이렇게 이더리움의 블록체인을 사용해(좀 심하게 표현하면 이더리움 블록체인에 기생해서) 만들어진 암호화폐를 토큰이라고 합니다. ERC-20 토큰은 스마트 콘트랙트로 구현되며 이더리움 가상 머신(EVM: Ethereum Virtual Machine)상에서 실행됩니다. 이때 스마트 콘트랙트에 의해 처리되는 작업에는 토큰의 총 공급량 및 잔액, 그리고 이를 전송하는 데 사용되는 방법 등이 포함됩니다.[22] ERC-20 토큰의 경우 자체 블록체인에서 실행되는 대신 이더리움 블록체인상에서 실행되기 때문에 가스를 거래 수수료로 사용하게 됩니다.

ERC-20 토큰 표준이 제공하는 6가지 필수 기능

```
function totalSupply() public view returns (uint256);
function balanceOf(address tokenOwner) public view returns (uint);
function allowance(address tokenOwner, address spender)
public view returns (uint);
function transfer(address to, uint tokens) public returns (bool);
function approve(address spender, uint tokens)  public returns (bool);
function transferFrom(address from, address to, uint tokens) public returns (bool);
```

"메인넷(mainnet)을 론칭했다"는 표현을 언론에서 종종 볼 수 있습니다. 이는 한마디로 토큰에서 코인으로 바뀌었다는 뜻입니다. 예를 들면 이오스(EOS)는 2017년 이더리움을 기반으로 한 토큰 형태로 처음 개발되었으나, 2018년 6월 이더리움에서 벗어나 메인넷을 론칭했습니다. 즉 자체 블록체인을 가진 코인으로 발전한 것입니다. 최근에는 이더리움 외에도 스마트 콘트랙트나 토큰 생성을 지원하는 많은 플랫폼 코인(platform coin)들이 속속 등장하고 있습니다.

암호화폐의 분류

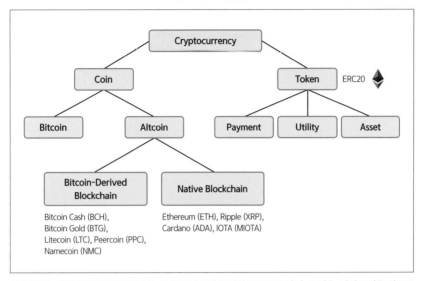

암호화폐는 독자 블록체인을 갖고 있는지 여부에 따라 코인과 토큰으로 나뉠 수 있음. 이때 코인은 비트코인과 그 외의 코인인 알트코인으로 나뉘며, 알트코인은 다시 나카모토 블록체인에서 포크된 블록체인을 쓰는 코인들과 자체 블록체인을 쓰는 코인들로 분류됨. 또한 토큰은 사용자가 화폐처럼 쓸 수 있는 지불형(payment) 토큰, 특정 서비스를 이용할 수 있게 하는 유틸리티(utility) 토큰, 배당을 지급받을 수 있게 하는 등 유가증권의 기능을 갖는 증권형(asset 또는 security) 토큰으로 분류될 수 있음.

 김승주 교수의 NFT 꿀팁

독자 블록체인을 갖고 있다고 해서, 즉 메인넷을 론칭한 코인이라고 해서 반드시 토큰보다 좋다고 말할 수는 없습니다.

NFT

질문 TOP **18**

NFT란 무엇인가요,
암호화폐와 다른 건가요?

대체불가능토큰 또는 ERC-721 토큰이라고도 불리는 NFT(Non-Fungible Token)는 이름 뒤에 붙은 토큰(token)이라는 단어에서도 알 수 있듯 이더리움 블록체인을 이용해 만든 암호화폐의 일종입니다. 하지만 보통의 암호화폐와는 조금 다른 성격을 갖고 있는데요, 그것은 화폐라기보다는 '등기권리증'의 특성을 갖는다는 점입니다.

부동산 등기권리증에 실제 건물의 주소 및 특기사항, 소유주 이름, 매매 이력 등이 표시되어 있듯 NFT에도 원본 디지털 이미지 또는 동영상이 저장되어 있는 곳의 인터넷 주소(오른쪽 페이지의 그림에서 밑줄 친 부분), 디지털원본에 대한 간단한 설명, 소유주 이름, 매매 이력 등이 담겨 있습니다.

단지 차이점이라면 등기권리증은 종이로 인쇄되어 발급되는 반면, NFT

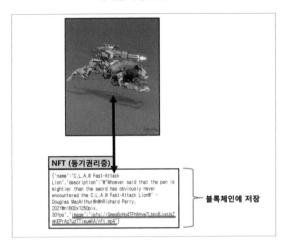

대체불가능토큰

NFT (등기권리증)

{"name":"C.L.A.W Fast-Attack
Lion","description":"₩'Whoever said that the pen is
mightier than the sword has obviously never
encountered the C.L.A.W Fast-Attack Lion₩' -
Douglas MacArthur₩n₩nRichard Parry",
2021₩n1600x1250pix,
30fps","image":"ipfs://Qmeo6cHo4TFHAHva7LbboBJxpUaZ
aWEPrAz7uzTTieuwkA/nft.mp4"}

블록체인에 저장

의 경우 해당 정보들이 블록체인상에 저장된다는 것입니다. 그러므로 NFT
는 일단 기록되고 나면 무단 삭제나 수정이 불가능하며, 원하는 사람은 언
제 어디서나 이를 손쉽게 확인할 수 있다는 장점이 있습니다.

NFT가 '대체불가능'이라 불리는 이유는 내가 가진 비트코인의 경우 다
른 사람이 갖고 있는 비트코인과 1:1로 교환하는 게 가능하지만, NFT는 등
기권리증과 같아서 다른 사람의 NFT와 서로 맞교환하는 것이 불가능하기
때문입니다.

독자분들 중에는 "우리나라 전자정부 사이트를 이용하면 각종 증명서를
전자문서 형태로 발급받을 수 있는데 뭐하러 NFT를 이용하는가?"라며 반
문하시는 분들도 계실 것입니다. 하지만 이럴 경우 공인인증서(지금은 공동
인증서로 이름이 바뀜)를 이용해야 하고, 대한민국 내에서만 제한적으로 활용

된다는 단점이 있습니다.

NFT의 구조를 좀 더 전문적으로 살펴보면 다음과 같습니다. NFT는 크게 NFT 미디어 데이터(NFT Media Data), NFT 메타데이터(NFT Metadata), NFT 스마트 콘트랙트(NFT Smart Contract) 등 3개 부분으로 이루어집니다.

NFT의 세부 구조

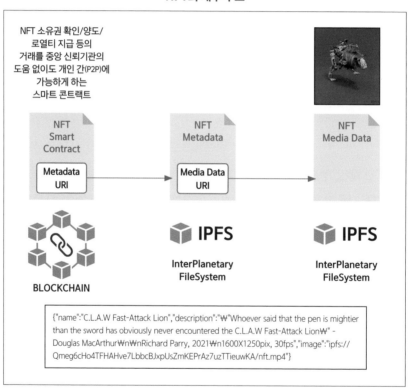

{"name":"C.L.A.W Fast-Attack Lion","description":"₩"Whoever said that the pen is mightier than the sword has obviously never encountered the C.L.A.W Fast-Attack Lion₩" - Douglas MacArthur₩n₩nRichard Parry, 2021₩n1600X1250pix, 30fps","image":"ipfs://Qmeg6cHo4TFHAHve7LbbcBJxpUsZmKEPrAz7uzTTieuwKA/nft.mp4"}

여기서 NFT 미디어 데이터는 디지털 원본 자체를 의미하며, 블록체인이 아닌 외부 저장매체에 보관됩니다. 물론 원본을 블록체인에 직접 저장하는 경우도 있기는 하나, 이럴 경우 수수료가 상당히 비싸지므로 그 경우는 많지 않습니다(2021년 6월 기준으로 대략 1KB 저장 시 약 13달러의 거래 수수료가 필요함). 이때 외부 저장매체로는 IPFS(InterPlanetary File System) 같은 분산형 저장매체를 쓰는 것이 원칙입니다. 간혹 중앙집중형 저장매체를 이용하는 업체도 있는데, 이럴 경우 해킹 또는 관리자의 부주의로 인해서 원본이 언제든 훼손 또는 삭제될 수 있는 위험성이 존재하므로 바람직한 것은 아닙니다.

또한 NFT 메타데이터는 등기권리증의 역할을 하는 것으로 NFT 미디어 데이터의 제목과 이에 대한 간략한 설명, 그리고 소유주 또는 작가에 대한 정보 및 원본 데이터가 저장되어 있는 곳의 인터넷 주소 등으로 구성되며, 이 NFT 메타데이터 또한 일반적으로 IPFS와 같은 외부 분산 저장매체에 보관됩니다.

끝으로 NFT 스마트 콘트랙트는 NFT 소유권 확인, 개인 간의 NFT 소유권 양도, 로열티 지급 등의 기능 및 NFT 메타데이터가 보관되어 있는 곳의 인터넷 주소가 코딩되어 있는 컴퓨터 프로그램으로서, NFT 미디어 데이터 및 NFT 메타데이터 등과는 달리 블록체인에 직접 저장됩니다. 특히 원작자는 이 스마트 콘트랙트의 로열티 지급 기능을 활용해서 NFT가 되팔릴 때마다 발생하는 거래액에 대해 자신이 지정한 만큼의 로열티를 받을 수도 있습니다.[23]

언론에서 종종 "누구의 디지털 작품을 NFT화했다"는 표현을 쓰곤 합니다. 우리가 아파트를 등기권리증화했다고 하지 않듯 이는 대단히 잘못된 표현입니다. 이러한 표현은 디지털 작품 원본이 마치 대단한 것으로 변해서 해킹도 안 되고 불법복제도 원천 차단되는 것 같은, 그래서 희소성이 올라갈 것 같은 착시 현상을 불러일으킵니다. NFT가 지닌 본질적인 특징 및 그것이 왜 희소성을 부여해주는 원천이 되는지에 대해서는 뒤에서 좀 더 자세히 설명하겠습니다.

 김승주 교수의 NFT 꿀팁

NFT 또한 블록체인상에서 구현되는 것이니만큼 근본적인 동작 원리는 암호화폐와 동일합니다. 그러므로 NFT를 사고판다는 것은 암호화폐를 주고받는 것과 기술적 원리가 같습니다.

NFT

질문 TOP 19

NFT의 기원은 어떻게 되나요?

눈에 보이지 않는 디지털로 된 정보이면서 천문학적인 가격에 거래되는 것이 있습니다. 그게 무엇일까요? 바로 인터넷 주소, 즉 도메인 네임(domain name)입니다. 실제로 2019년 Voice.com은 3천만 달러에, 2001년 Hotels.com은 1,100만 달러에 거래되기도 했습니다.

그런데 이러한 주소의 소유주 정보를 중앙 서버에 저장해두면 해킹에 위험할 수 있습니다. 또한 서버 관리자가 나쁜 마음을 품으면 소유자의 정보를 무단으로 바꿔치기할 가능성도 있습니다. 이러한 문제를 해결하기 위해 등장한 것이 2011년에 나온 '네임코인(Namecoin, NMC)'입니다.

네임코인은 비트코인에서 하드포크된 암호화폐로서 도메인의 소유주 정보를 블록체인에 저장해 정보가 무단으로 삭제 또는 수정되는 것을 막고,

가장 비싼 도메인 이름 목록

도메인 이름	가격	판매 날짜
Voice.com	$30,000,000	2019
360.com	$17,000,000	2015
Sex.com	$13,000,000	2010
Fund.com	$12,000,000	2008
Hotels.com	$11,000,000	2001
Tesla.com	$11,000,000	2014
Porno.com	$8,800,000	2015
Fb.com	$8,500,000	2010
HealthInsurance.com	$8,130,000	2019
We.com	$8,000,000	2015
Diamond.com	$7,500,000	2006
Beer.com	$7,000,000	2004
Z.com	$6,800,000	2014
iCloud.com	$6,000,000	2011
Casino.com	$5,500,000	2003
Slots.com	$5,500,000	2010
AsSeenOnTv.com	$5,100,000	2000
Toys.com	$5,100,000	2009
Korea.com	$5,000,000	2000
Clothes.com	$4,900,000	2008

출처: 위키피디아

원하는 사람은 누구든 이 정보를 손쉽게 확인할 수 있도록 했습니다. 즉 일종의 도메인 네임에 대한 디지털 등기권리증 서비스를 제공했던 것입니다. 바로 이것이 대체불가능토큰(NFT: Non-Fungible Token)의 시작입니다. 물론 이때는 NFT란 이름이 생기기 전이었지만 말입니다.

이후 2013년 비트코인에 '색깔 값'을 부여해 서로 구별될 수 있도록 함으로써 귀금속, 자동차, 부동산, 주식 및 채권 등의 실세계 자산에 대한 소유권을 블록체인으로 증명할 수 있도록 한 '컬러 코인(Colored Coin)'이 등장했으며, 2015년 10월에는 이더리움 블록체인을 이용해 가상 세계의 토지(육각형 모양의 타일)를 거래할 수 있도록 한 '이더리아(Etheria)' 프로젝트가 이더리움 개발자회의 데브콘(Devcon)에서 소개되었습니다.

2년 뒤에는 라바랩스(Larva Labs)가 '크립토펑크(Cryptopunks)'를 출시했으며, 같은 해 '크립토키티(CryptoKitties)'의 등장으로 이더리움 네트워크 내 트랜잭션(transaction) 비중이 15%가 넘어가기도 합니다. 이후 비플(Beeple)이라는 예명으로 활동하는 마이크 윈켈만(Mike Winkelmann)의 작품인 '매일: 첫 번째 5000일(Everydays: The First 5000 Days)'이 무려 783억 원이라는 고액에 거래되면서 NFT는 전성기를 맞게 됩니다.

이처럼 NFT의 역사는 우리가 생각한 것보다 훨씬 더 오래되었으며, 디지털 이미지 외에도 명품 가방 등 다양한 것들과 결합될 수 있습니다. 그러나 본질적으로 소장가치가 높은 도메인 네임, 역사적으로 의미가 있거나 특정 커뮤니티 내에서 인정받는 디지털 이미지, 희소가치가 높은 명품 자산에 NFT가 결합되었을 때 그 가치가 배가되는 것이지, 아무것에나 NFT를 붙인다고 해서 그 가치가 상승하는 것은 아닙니다.

또한 어느 정도 의미나 가치가 있는 자산에 NFT를 접목시켰을 때 활용도가 다양해지면서 일정 부분 가격이 상승할 수는 있겠으나, 그것이 상식을 넘어서는 수준이어서도 곤란합니다. 500만 원의 가치가 있는 디지털 원본에 NFT를 붙였다고 해서 가격이 5억 원으로 뛴다면 말이 되겠습니까? NFT 투자에 좀 더 냉철한 판단이 필요한 시점입니다.

 김승주 교수의 NFT 꿀팁

NFT 미술품을 소유하고 감상하는 문화보다는 투자의 목적이 더 짙다는 것이 현재 시장에 거품을 조장하는 가장 큰 원인 중 하나입니다. 미술 업계의 특성상 자본과 완전히 분리할 수는 없겠지만 너무 수익만 강조되는 것은 좀 자제되어야 할 것 같습니다.

NFT계의 모나리자인
크립토펑크는 무엇인가요?

2017년 6월, 소프트웨어 개발자인 맷 홀(Matt Hall)과 존 왓킨스(John Watkinson) 두 사람은 라바랩스(Larva Labs)를 창업하고 그 유명한 '크립토펑크(Cryptopunks)'를 출시합니다. 사이퍼펑크(Cypherpunk)의 이름을 본뜬 크립토펑크는 제너러티브 아트(generative art)의 일종으로서 몇 가지의 얼굴형, 눈, 코, 입, 헤어스타일, 머리 장식, 수염 등을 입력하면 컴퓨터가 이들을 자동으로 조합해 이미지를 생성하도록 만들어졌습니다. 이렇게 만들어진 이미지 캐릭터는 총 1만 개로 모두 다르게 생겼는데, 맷 홀과 존 왓킨스는 이 이미지들을 이더리움 블록체인상에 등록해 팔았습니다. 즉 모든 캐릭터의 소유권 이력이 블록체인상에서 추적되고 관리되도록 한 것입니다.[24]

크립토펑크는 기본적으로 여성(Female), 남성(Male), 외계인(Alien), 좀비

다양한 유형의 크립토펑크 NFT

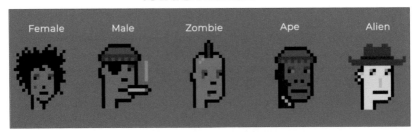

(Zombie) 및 유인원(Ape)의 5가지 범주에 속하는데요, 그 가치는 희귀성과 독창성에 따라 달라집니다. 예를 들어 외계인 펑크는 총 9개입니다. 희소가치가 있다 보니 가장 비싼 펑크에 속합니다. 그다음으로는 24개로 구성된 유인원 펑크와 88개로 구성된 좀비 펑크가 인기가 높습니다. 남성 펑크는 총 6,039개, 여성 펑크는 3,840개로 상대적으로 가치가 떨어집니다.

2017년 발행 초기 크립토펑크는 원하는 사람에게 무료(가스 비 37달러 수준 제외)로 제공되었습니다. 그러나 곧 미국 IT 전문 매체 '매셔블(Mashable)'의 주목을 받게 되고, 이후 사람들이 NFT에 관심을 갖게 되면서 "이것이 초창기 NFT 모델이다"라는 인식이 퍼지게 됩니다. 급기야는 인플루언서와 유명 스타들까지 크립토펑크를 구매해 자신의 SNS 프로필 사진 등에 올리면서 크립토펑크의 가격은 순식간에 수십억에서 수백억까지 오릅니다.

실제로 테니스 스타인 세레나 윌리엄스(Serena Williams)는 레딧(Reddit, '미국판 디시인사이드'라고도 불림)의 공동창업주인 남편으로부터 자신과 닮은 크립토펑크 #2950을 선물받기도 했으며, 제이지(Jay-Z)로 유명한 미국 래퍼이자 작사가이자 기업가인 숀 카터(Shawn Carter)는 크립토펑크 #6095를 구매했습니다. 또 캘리포니아 랩의 전설이자 기업가인 스눕 독

크립토펑크를 주요 기사로 다룬 '매셔블'

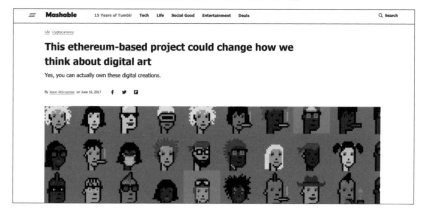

크립토펑크 #2950을 SNS 프로필 사진으로 게시한 세레나 윌리엄스

(Snoop Dogg)은 2022년 2월 당시 2개의 좀비 펑크를 포함해 무려 10개의 크립토펑크를 소유했습니다.

미술품이 고가의 상품으로 거래되기 시작한 결정적인 계기는 유럽의 르네상스 시대였습니다. 15세기 은행업으로 막대한 부를 축적한 조반니 디비치 데 메디치(Giovanni di bicci de' Medici)는 그 증손자의 아들에 이르기까지 대를 이어 엄청난 양의 미술품들을 수집했고, 이러한 후원이 있었기에 미켈란젤로(Michelangelo Buonarroti), 레오나르도 다빈치(Leonardo da Vinci), 산드로 보티첼리(Sandro Botticelli) 등 르네상스 이탈리아 미술을 견인한 걸출한 대가들이 나올 수 있었습니다. 르네상스 시대의 문예 부흥은 이후 미술에 대한 시각을 완전히 바꿔놓았으며, 미술품의 가치는 누가 소유하고 있는지에 따라 좌우되게 되었습니다.

이러한 현상이 지금 NFT 시장에도 거세게 불고 있습니다. 2021년 기준으로 라바랩스의 크립토펑크 매출은 무려 6,772억 원에 달한다고 알려져 있습니다. 또한 라바랩스의 통계에 따르면 현재 크립토펑크를 소유하고 있는 사람은 전 세계에 3,408명(전자지갑 기준)밖에는 없으며, 유명한 셀럽들도 상당수입니다.[25] NFT의 시작을 알리고 ERC-721로 불리는 NFT 표준을 만드는 데 영감을 주기까지 한 크립토펑크의 열기는 앞으로도 그리 쉽게 사그라들지는 않을 것으로 보입니다.

 김승주 교수의 NFT 꿀팁

유명 NFT인 보어드 에이프 요트 클럽(BAYC: Bored Ape Yacht Club)을 제작한 유가랩스(Yuga Labs)는 2022년 3월 11일(현지 시각) 라바랩스(Lava Labs)의 크립토펑크(CryptoPunks)와 미비츠(Meebits)의 IP를 인수해 화제가 되었습니다. 또한 유가랩스는 "모든 크립토펑크와 미비츠 이미지에 대한 상업적 권리를 개별 NFT 보유자에게 부여하겠다"고 밝히기도 했습니다.

NFT

질문 TOP 21

NFT 게임의 대명사인 크립토키티는 무엇인가요?

캐나다 밴쿠버 소재 스타트업인 액시엄 젠(Axiom Zen)사의 '크립토키티(CryptoKitties)'는 다마고치처럼 가상의 고양이를 수집해서 육성하는 게임으로, 2017년 11월 28일에 출시되자마자 2017년 12월 초 거래량이 이더리움 트래픽 전체의 10% 이상을 차지할 정도로 큰 인기를 끌었습니다.

게임 자체는 단순합니다. 암호화폐인 이더리움을 이용해 각자 고유한 유전자를 갖고 있는 고양이 아이템들을 사서 수집하고, 서로 다른 종과 교배해 새로운 유전자를 지닌 종을 탄생시키면 됩니다. 고양이 한쌍을 교배하면 일정 시간 후에 새로운 고양이가 태어나는데, 교배를 많이 할수록 교배에 걸리는 시간이 점점 증가합니다. 각 고양이는 저마다의 특수한 속성 값을 갖게 되는데, 이 값에 따라 고양이의 생김새가 달라집니다. 어떤 고양이

도 다른 고양이와 동일한 속성 값을 가질 수는 없습니다. 이렇게 탄생한 고양이들은 남에게 판매하거나 선물할 수 있습니다.

그런데 기존 가상 펫(pet) 수집·육성 게임들과 다른 점은 이 크립토키티가 단순한 '앱(App)'이 아닌 블록체인상에서 실행되는 '댑(DApp)'이라는 것입니다. 스마트 콘트랙트 기술을 사용하므로 한 번 구매하고 나면 각 고양이 아이템들은 게임 회사가 망해 사라지더라도 영원히 내 것이 되며, 중단됨이 없이 영구히 동작합니다. 또한 각 고양이에는 ERC(Ethereum Request for Comment)-721 표준에 기반한 NFT가 붙어 있어 소유권 확인 및 개인간 아이템 매매가 가능합니다. 더욱이 이렇게 블록체인에 등록된 게임 아이템들은 다른 게임에서도 사용하는 것이 가능합니다.

NFT의 특성을 잘 활용한 크립토키티는 출시하자마자 선풍적인 인기를 끌었습니다. 희귀한 고양이는 1억 원이 넘는 금액에 거래되기도 했으며, 발매 초기 미국 IT매체 '쿼츠(Quartz)'는 크립토키티가 매일 100만 달러(당시 환율기준 10억 9천만 원)의 매출을 올리고 있다고 보도하기도 했습니다. 이후 2018년에 액시엄 젠사는 크립토키티 사업을 전담할 회사 대퍼랩스(Dapper Labs)를 분사합니다. 이때 대퍼랩스 투자에 구글 벤처스, 삼성 넥스트 등 굵직한 회사들이 참여해 화제가 되기도 했습니다.

재미라는 측면에서 봤을 때 크립토키티는 다소 단순한 것이 사실입니다. 그러나 크립토키티 팀이 제안한 NFT 표준 ERC-721은 나중에 대체불가능한 자산의 소유권 이전 및 거래에 대한 절대적인 표준이 됩니다.

사람들이 몇 년 후 블록체인의 역사를 돌아볼 때면 여전히 크립토키티 게임이 언급될 것이고, 최초에 해당하는 고양이들은 그 상징적인 의미로 인해 여전히 가치가 있을 수 있음을 우리는 쉽게 예측해볼 수 있습니다. 게임 아이템이 재산이 되는 것입니다.

 김승주 교수의 NFT 꿀팁

처음 크립토키티는 이더리움 블록체인을 기반으로 해 구축되었지만, 이후 크립토키티는 보다 더 신속한 거래 처리를 위해 플로우(Flow) 블록체인으로 이동되었습니다.

정부나 금융기관의 부패로부터 자유로운 화폐를 만들고자 했던 사토시 나카모토의 노력은 암호화폐 비트코인에서 이더리움(스마트 콘트랙트)으로, 이더리움에서 NFT로, NFT에서 다시 DAO와 DeFi로 진화를 거듭해가고 있습니다. 아직은 기술적으로나 제도적으로 많은 문제가 있는 것이 사실이나, 비트코인이 2008년 세상에 모습을 드러낸 지 고작 14년밖에 되지 않았음을 고려할 때 인터넷 전체를 탈중앙화하려는 비탈릭 부테린의 꿈이 그리 불가능한 것만은 아닐 것입니다. 다만 우리 모두 '블록체인은 아마 어마한 잠재력이 있기는 하나 아직은 아기이며, 부모의 욕심이 과하면 아기를 망칠 수도 있다'는 점을 명심해야 할 것입니다.

4장

이제 NFT를 완벽하게 파헤쳐보자

NFT

NFT↗

783억 원에 거래된 비플의 그림 원본은 어디에 있나요?

백문이 불여일견이니, 지난 2021년 3월 크리스티(Christie) 경매에서 6,930만 달러(약 783억 원으로, 현존 경매가 순위에서 제프 쿤스의 '토끼'와 데이비드 호크니의 '예술가의 자화상'에 이어 3위임)에 낙찰되어 화제가 된 비플(Beeple)의 '매일: 첫 번째 5000일(Everydays: The First 5000 Days)'을 통해 앞서 언급한 NFT 스마트 콘트랙트, NFT 메타데이터, NFT 미디어 데이터를 직접 눈으로 확인해보겠습니다.

2021년 3월 이전까지 본명이 마이크 윈켈만(Mike Winkelmann)인 비플은 미술계에 알려져 있지 않았습니다. 1980년대 있었던 장난감의 이름을 따서 자신을 비플이라고 명명한 윈켈만은 대학에서 컴퓨터 과학으로 학위를 받은 후 그래픽 디자이너와 애니메이터로 경력을 쌓았으며, 유명 팝가수들의 콘서트 영상을 제작하기도 했습니다.

마이크 윈켈만은 영국 일러스트레이터 톰 주드(Tom Judd: 1년 동안 매일 스케치를 해 주목을 받았음)에게 영감을 받아 2007년 5월 1일부터 하루에 하나씩 스케치를 그렸고 이 프로젝트를 '매일(Everydays)'이라고 불렀는데, 2021년 1월 7일까지 14년 동안 이어졌습니다. '매일: 첫 번째 5000일'은 이때 그린 이미지 5천 개로 구성되어 있습니다.

비플의 작품 원본을 직접 눈으로 확인하기 위해 우선 온라인 크리스티 경매 사이트(www.christies.com)에서 해당 작품을 찾습니다.

크리스티 경매 사이트에 올라온 비플의 '매일: 첫 번째 5000일'

비플의 그림 '매일: 첫 번째 5000일' 아래로 토큰 ID와 스마트 콘트랙트 주소(①번)가 보입니다.

해당 스마트 콘트랙트를 확인하기 위해 이더리움 블록체인에서 일어나는 모든 활동과 정보들을 쉽게 검색할 수 있도록 도와주는 이더스캔 (Etherscan) 사이트에 접속하면 아래와 같은 화면이 뜨는데, 검색창에 스마트 콘트랙트의 주소인 0x2a46f2ffd99e19a89476e2f62270e0a35bbf0756를 입력합니다(②번).

이더스캔 사이트의 검색창에 입력된 NFT 스마트 콘트랙트의 주소

잠시 후 화면에 아래와 같은 검색 결과가 나타나면, 오른쪽 [More Info]의 아래에 있는 [Token Tracker]라고 표시된 곳을 찾아가 MakersTokenV2 (MKT2) 링크(③번)를 클릭합니다.

[Token Tracker]의 MakersTokenV2 (MKT2) 링크

링크(③번)를 클릭하면 아래와 같은 화면이 나오는데, 여기서 [Contract] 탭(④번)을 누르면 이제 우리는 비로소 이더리움 블록체인상에 저장되어 있는 비플의 그림 '매일: 첫 번째 5000일'의 NFT 스마드 콘트렉트 내용을 직접 볼 수 있게 됩니다.

NFT 스마트 콘트랙트

화면에 보이는 NFT 스마트 콘트랙트의 끝부분으로 이동해서 23.tokenURI 항목을 확장하면 토큰 ID를 입력하는 창이 나옵니다. 이 창에 처음 크리스티 사이트(①번)에서 확인한 토큰 ID 40913을 입력하고(⑤번) 쿼리 버튼을 누르면, 마침내 NFT 메타데이터가 보관되어 있는 곳의 인터넷 주소인 ipfs://ipfs/QmPAg1mjxCQPPtqLoEcauVedaeMH81WXDPvx3VC5zUz가 나타나게 됩니다(⑥번).

NFT 스마트 콘트랙트 내에 저장되어 있는 NFT 메타데이터가 있는 곳의 인터넷 주소

이제 이 주소를 통해 '매일: 첫 번째 5000일'의 NFT 메타데이터를 찾아가보겠습니다. ⑥번에 표시된 주소의 접두사 'ipfs:'는 메타데이터가 IPFS(InterPlanetary File System)에 저장되어 있음을 나타내므로, 우선 인터넷에서 IPFS 데스크톱 응용 프로그램을 내려받아 설치합니다.

IPFS 응용 프로그램을 실행시킨 후 왼쪽 면에 있는 [FILES] 버튼(⑦번)을 누릅니다. 이어 오른쪽 상단에 있는 [Import] 버튼(⑧번)과 [From IPFS] 버튼을 순차적으로 누르면 창이 하나 뜨게 되는데, 이 창에 ⑥번에서 구한 주소 값(일명, Content Identifier(CID))을 입력합니다(⑨번).

IPFS 응용 프로그램

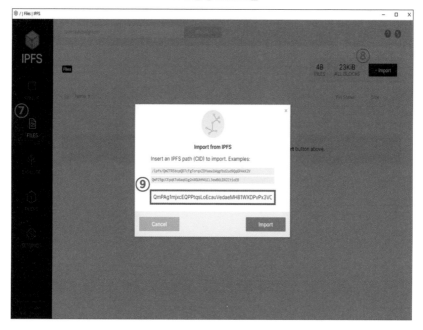

잠시 기다리면 우리는 외부 분산 저장매체 IPFS에 보관되어 있는 '매일: 첫 번째 5000일'의 NFT 메타데이터(아래의 화면) 및 메타데이터 내에 저장된 NFT 미디어 데이터의 인터넷 주소(아래 화면의 ⑩번)가 화면에 나타나는 것을 아래와 같이 볼 수 있습니다.

NFT 메타데이터와 내부에 저장되어 있는 NFT 미디어 데이터가 있는 곳의 인터넷 주소

```
{
  "title": "EVERYDAYS: THE FIRST 5000 DAYS",
  "name": "EVERYDAYS: THE FIRST 5000 DAYS",
  "type": "object",
  "imageUrl": "https://ipfsgateway.makersplace.com/ipfs/QmZ15eQX8FPjfrtdX3QYbrhZxJpbLpvQpsqb2p3VEH0Bqq",
  "description": "I made a picture from start to finish every single day from May 1st, 2007 - January 7th, 2021. This is every motherfucking one of those pictures.",
  "attributes": [
    {
      "trait_type": "Creator",
      "value": "beeple"
    }
  ],
  "properties": {
    "name": {
      "type": "string",
      "description": "EVERYDAYS: THE FIRST 5000 DAYS"
    },
    "description": {
      "type": "string",
      "description": "I made a picture from start to finish every single day from May 1st, 2007 - January 7th, 2021. This is every motherfucking one of those pictures."
    },
    "preview_media_file": {
      "type": "string",
      "description": "https://ipfsgateway.makersplace.com/ipfs/QmZ15eQX8FPjfrtdX3QYbrhZxJpbLpvQpsqb2p3VEH0Bqq"
    },
    "preview_media_file_type": {
      "type": "string",
      "description": "jpg"
    },
    "created_at": {
      "type": "datetime",
      "description": "2021-02-16T00:07:31.674688+00:00"
    },
    "total_supply": {
      "type": "int",
      "description": 1
    },
    "digital_media_signature_type": {
      "type": "string",
      "description": "SHA-256"
    },
    "digital_media_signature": {
      "type": "string",
      "description": "6314b55cc6ff34f67a18e1ccc977234b803f7a5497b04f1f994ac9d1b896a017"
    },
    "raw_media_file": {
      "type": "string",
      "description": "https://ipfsgateway.makersplace.com/ipfs/QmQkxpwAHCtDXbbZHUwqtFucG1RMS8T87vi1CdvadfL7qA"
    }
  }
}
```

⑩ Media Data URI

비플의 그림 '매일: 첫 번째 5000일'의 원본

드디어 여정의 마지막입니다. ⑩번의 주소를 웹브라우저의 주소창에 입력해보겠습니다(⑪번). 이제 우리는 6,930만 달러짜리 300MB 디지털 작품인 '매일: 첫 번째 5000일'의 원본(일명, NFT 미디어 데이터)을 눈으로 직접 확인할 수 있습니다.

 김승주 교수의 NFT 꿀팁

부동산 매매 시에 복덕방에 걸린 사진만 보고 매매계약을 하지 않듯이, NFT 거래 시에도 원본 디지털 콘텐츠를 찾아 이를 직접 눈으로 확인한 다음 구매하셔야 합니다.

NFT↗

질문 TOP 23

왜 MZ세대는 NFT에 열광하나요?

지금까지 살펴본 바와 같이 우리가 알고 있는 NFT란 결국 원본이 저장된 곳의 인터넷 주소만 담고 있을 뿐 실제 파일은 블록체인 외부에 보관되어 있습니다. 제가 비플의 '매일: 첫 번째 5000일'의 원본 작품을 자유로이 인터넷에서 찾아볼 수 있었듯, 인터넷 주소만 알면 해당 원본의 소유주가 아닐지라도 얼마든지 이 그림을 볼 수 있습니다. 복사 또한 가능합니다.

그런데 왜 우리는 NFT에 열광할까요? NFT가 희소성을 보장해준다는 말은 과연 어떤 의미일까요? NFT 아트는 그간 값을 매길 수 없어 존재하지 않았던 디지털아트 업계의 시장을 어떻게 활짝 열 수 있었을까요?

디지털 작품을 소비하는 방식에 있어 기존 세대와 디지털 환경에 친숙한 MZ세대('밀레니엄+Z세대'의 합성어로 1981~2010년대 출생자)는 근본적인 차이가 있습니다. 과거에는 사진을 인화해 앨범에 보관한다거나 디지털 액자에 넣어두고 보고 싶을 때 꺼내 나만 보는 것이 당연한 일이었습니다. 하지만 MZ세대는 더 이상 앨범을 이용하지 않습니다. 앨범 대신 인스타그램이나 트위터, 지금은 메타로 이름을 바꾼 페이스북 등과 같은 SNS를 통해 타인과 공유하고 자랑하고 싶어 합니다. 그런데 여기서 문제가 발생합니다. 디지털 정보의 속성상 SNS에 올리는 순간 무단 복제가 가능해지고, 결국 원본의 소유주가 누구였는지 불분명해지게 됩니다.

다시 말해서 요즘 젊은이들은 '진짜 원본을 가진 것은 나야'라고 자랑하고 싶어 하는데, 예전의 인스타그램은 자랑만 하고 소유권을 주장할 수는 없었던 반면, NFT는 이 소유권 문제를 해결해줄 수 있게 된 것입니다. 원본의 인터넷 주소와 소유주 정보가 기록된 NFT는 진본과 복사본을 구별 가능하게 함으로써, MZ세대의 '자랑하고 싶어 하는 욕구'와 '소유욕'을 동시에 충족시켜줄 수 있습니다. 게다가 NFT를 이용하면 소유에 관한 지분을 수백 수천 개 조각으로 쪼갤 수 있기에, 소유권 분할을 통해 고가의 미술품을 다수의 투자자가 나눠서 구매하고 되팔아 투자금을 회수하는 '조각 거래'까지도 가능해집니다.

환경의 변화도 한몫하고 있습니다. 코로나19 팬데믹으로 인해 경매사들이 온라인 경매를 늘리고, 1차 시장을 주도하는 갤러리에 소속되지 못한 작가들이 온라인에서 유통 활로를 모색하기 시작했으며, MZ세대의 투자 열풍까지 불면서 소비시장 구조 자체가 달라졌습니다. 더욱이 2018년 '아트앤가이드(ARTNGUIDE)'가 첫선을 보인 이래 미술품 온라인 공동구매 플랫폼 또한 빠르게 성장하고 있습니다.[26]

이러한 추세에 발맞춰 트위터에서는 지난 2022년 1월 트위터 프로필 사진에 대한 공식적인 NFT 검증 메커니즘을 제공하겠다고 발표하기도 했습니다. 본인이 소유한 NFT 작품 중 하나를 선택하면 프로필 사진에 육각 테두리가 새로 추가됩니다(일반적으로 원 안에 동그라미가 쳐져 있음). 반면 남의 NFT 작품을 무단으로 복사해 프로필 사진으로 사용하려 할 경우, 이미지는 사용할 수 있겠지만 동그라미는 바뀌지 않습니다. 현재 이러한 NFT 인증 서비스는 월 2.99달러의 가입 서비스인 트위터 블루를 사용하는 사용자들에게만 제공되고 있습니다.

메타(Meta) 또한 예외는 아닙니다. 지난 2022년 1월 20일(현지시간) 미국《파이낸셜 타임스(Financial Times)》는 메타가 페이스북과 인스타그램의 프로필에 NFT를 표시하는 기능을 준비하고 있다고 보도하기도 했습니다.

트위터상에 NFT 인증 서비스 개시를 알린 트위터 블루

여기에서 더 나아가 메타는 NFT를 사고팔 수 있는 거래소 사업도 검토하고 있는 것으로 알려졌습니다.

어도비(Adobe) 또한 적극적으로 선도적인 NFT 기업들과 제휴하고 있습니다. 보도에 따르면, 조만간 창작가들은 어도비 포토샵 데스크톱 애플리케이션을 통해 그들의 소셜미디어 프로필과 개인 전자지갑 주소를 NFT 예술 작품의 메타데이터에 추가할 수 있게 될 것이라고 합니다. 이를 통해 수집가들은 어도비의 콘텐츠 인증 기능을 통해 좀 더 쉽게 디지털 예술품의 진위 여부를 확인할 수 있게 될 것입니다.

이렇듯 NFT는 기존 소셜미디어 플랫폼 및 응용 프로그램들과 결합하며 빠르게 영역을 확장해나가고 있습니다. 우리 인터넷 기업들의 발 빠른 움직임이 필요한 시점입니다.

 김승주 교수의 NFT 꿀팁

트위터에서 특정 유명인의 계정 옆에 표시되는 파란색 인증 배지는 계정 소유자의 신원이 확인되었음을 나타냅니다. 파란색 배지를 받으려면 진위성, 유명성 및 활동 중 조건을 갖춘 계정이어야 하기에, 이 파란색 배지 계정의 소유자는 다른 트위터 이용자들의 부러움의 대상이 되곤 합니다. 이제는 이러한 인증 마크가 프로필 사진에까지도 확대되는 것입니다.

NFT 민팅이란 무엇인가요?

NFT는 이미지, 비디오 파일, 심지어 물리적 자산과 같은 것들의 소유권을 증명하는 블록체인을 기반으로 한 토큰입니다. 즉 블록체인에 저장된 디지털 등기권리증이라 할 수 있습니다.

NFT를 만들기 위해서는 디지털 원본(이른바 NFT 미디어 데이터)을 제작하고, 개인 간 NFT 거래 및 로열티 지급 등의 기능이 담긴 스마트 콘트랙트와 등기권리증에 해당하는 NFT 메타데이터를 만든 후, 이를 블록체인에 저장하는 과정이 필요합니다. 이를 'NFT 주조' 또는 'NFT 민팅(minting)'이라고 합니다.

전 세계 최대 규모의 NFT 마켓플레이스로 꼽히는 오픈씨(OpenSea)를 예로 들어 NFT를 민팅하는 방법에 대해 좀 더 자세히 설명해보겠습니다.

오픈씨는 민팅하는 과정을 다음과 같이 자동화시켜 전문적 지식이 없는 이용자들까지도 쉽게 NFT를 만들 수 있도록 하고 있습니다.

① 암호화폐 거래소를 통해 이더리움을 구매합니다. 뭐, 다른 암호화폐로도 구매가 가능합니다. 다만 '어떤 암호화폐를 구매하느냐'에 따라 구매할 수 있는 NFT에 제약이 있습니다. 오픈씨는 이더리움, 폴리곤, 클레이튼 블록체인 기반의 NFT를 거래할 수 있는 사이트입니다. 이때 이더리움 블록체인 기반으로 만들어진 NFT는 이더리움 암호화폐로만 거래할 수 있습니다. 클레이튼 기반은 클레이(Klay)로만 구매할 수 있습니다. 이처럼 NFT별로 각각 대응하는 코인이 정해져 있다고 보시면 됩니다.

② 이더리움을 구입한 후 다음 단계는 개인 전자지갑을 만드는 일입니다. 여러분은 이 지갑을 오픈씨에서 NFT를 팔고 사는 데 이용하게 됩니다. 세계에서 가장 유명한 거래소 밖 전자지갑은 메타마스크(MetaMask)로, 이더리움 블록체인 기반의 암호화폐나 NFT를 저장하는 데 사용할 수 있습니다.[27]

개인 지갑을 만든 후, 이 전자지갑으로 거래소에서 구입한 이더리움을 이체시킵니다. 단, 여기서 문제가 발생할 수 있습니다. 2022년 3월 25일부터 우리나라 암호화폐 거래소에서는 '트래블룰(travel rule)'이 시행됩니다. 트래블룰이란 100만 원 이상의 암호화폐(가상자산)를 이전할 때 송신인과 수신인 정보를 거래소가 명확히 파악하도록 강제하는 제도로, 글로벌 자금세탁방지(AML: Anti Money Laundering) 기관인 국제자금세탁방지기구(FATF: Financial Action

Task Force)에서도 요구하고 있는 전 세계 공통의 규제 제도입니다. 그런데 문제는 2021년 11월 기준 월 이용자(MAU)가 2,100만 명인 메타마스크 지갑은 누구나 익명으로 만들 수 있다는 것입니다. 즉 이름, 전화번호, 이메일 주소 등을 요구하지 않습니다. 바로 이런 점 때문에 국내 거래소 지갑으로부터 개인 전자지갑으로의 이체가 쉽지 않을 수도 있습니다.

③ 다음 단계로, 만든 개인 전자지갑을 오픈씨에 연결합니다. 이때 약관에 동의하는 절차가 필요합니다.

오픈씨에 전자지갑 메타마스크를 연결하는 화면

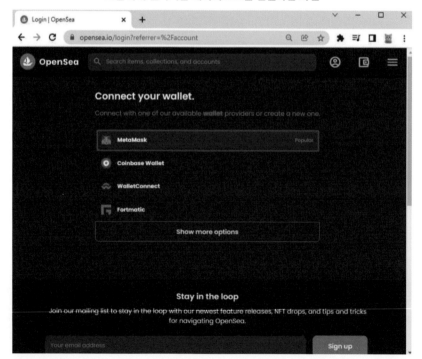

④ 지갑을 설정하고 오픈씨에 연결한 후, 이제 NFT가 연결될 디지털 원본 이미지를 만들고 업로드합니다. 본인이 그린 그림, 사진, 밈 등 모든 것들이 NFT의 원본이 될 수 있습니다.

⑤ 이제 원본에 연결될 NFT를 만듭니다. 이를 위해 디지털 원본의 인터넷 URL 주소, 원본에 대한 간략한 설명, 본인 정보 등을 입력한 후 '만들기(Create)'를 클릭하십시오. 그러면 관련 스마트 콘트랙트나 메타데이터 등이 표준에 맞춰 자동으로 생성되어 블록체인에 저장됩니다.

그리 어렵지 않지요? 하지만 우리 속담에 "귀 장사 하지 말고 눈 장사 하라"고 했던가요? 직접 한번 해보시는 것만큼 좋은 것은 없습니다! 단, 여러분들께서 주의하셔야 할 것이 있습니다. 이러한 일련의 과정이 공짜로 이루어지는 것은 아닙니다. NFT를 블록체인에 민팅할 경우 소정의 수수료(가스비)를 지불해야 합니다.

 김승주 교수의 NFT 꿀팁

민팅할 블록체인을 고를 때는 사용할 수 있는 암호화폐가 무엇인지, 수수료는 얼마나 되는지, 해당 블록체인의 이용자들은 얼마나 되는지 등을 종합적으로 고려해 결정하는 것이 좋습니다.

NFT

질문 TOP 25

NFT 원본 파일은 왜 IPFS에 보관해야 하나요?

　　대체불가능토큰(NFT: Non-Fungible Token)이란 한마디로 '블록체인에 저장된 디지털 등기권리증'이라 할 수 있습니다. 등기권리증에 건물의 주소, 소유자의 성명 및 주민등록번호, 건물의 구조나 면적 등이 표시되어 있듯 NFT에는 사진, 음악, 동영상 등 디지털 파일이 저장되어 있는 곳의 인터넷 주소, 소유주의 신원 정보, 그리고 해당 디지털 파일에 대한 간략한 설명 및 매매 이력들이 들어가 있습니다. 이때 매매 이력은 블록체인상에 투명하게 공개되므로, 원작자는 NFT가 되팔릴 때마다 거래액에 대해 자신이 지정한 만큼의 로열티를 받을 수도 있습니다.

　　여기서 유의해야 할 점은 등기권리증 안에 아파트가 들어가 있지 않듯 NFT 내에도 디지털 파일 자체가 저장되어 있지는 않다는 것입니다. 물론 기술적으로 원본 파일까지도 함께 NFT 내에 저장할 수는 있으나 이럴 경우 과도한 수수료(가스 비)가 발생하게 됩니다. 때문에 NFT 거래에 있어 많은 사람들이 갖는 의구심은 "그렇다면 과연 원본 파일은 대체 누가 어디에 보관하고 있느냐?"입니다.

결론부터 얘기하면 원본 파일은 인터넷상 어디에든 저장될 수 있습니다. 그러나 전문가들은 안전을 위해 IPFS와 같은 분산형 저장매체에 보관할 것을 권고합니다.

실제로 지난 2021년 3월 크리스티(Christie) 경매에서 6,930만 달러에 낙찰되어 화제가 된 비플(Beeple)의 작품 '매일: 첫 번째 5000일(Everydays: The First 5000 Days)'의 NFT를 살펴보면, 300MB 크기의 원본 이미지가 저장되어 있는 곳의 인터넷 주소가 다음과 같이 표시되어 있습니다 :

ipfs.io/ipfs/QmXkxpwAHCtDXbbZHUwqtFucG1RMS6T87vi1Cdvad fL7qA

주소에 포함된 IPFS가 보이십니까? 사실 우리가 흔히 보는 비플의 그림은 다음 주소에 저장된 1.5MB짜리 썸네일(thumbnail)입니다 :

ipfs.io/ipfs/QmZ15eQX8FPjfrtdX3QYbrhZxJpbLpvDpsgb2p3VEH8B qq

여기서 IPFS란 인터플래니터리 파일 시스템(InterPlanetary File System)의 줄임말로, P2P 기반 분산 파일 공유 시스템의 일종입니다. 분산 환경에서 동작하기 때문에 종종 블록체인의 일부로 착각하는 경우도 있으나, 엄밀히 말해 핵심 원리만 블록체인과 비트토렌트(BitTorrent), 그리고 깃(Git)에서 빌려왔을 뿐 블록체인은 아닙니다.

일반적으로 인터넷상에서 컴퓨터 간에 통신을 하는 방법은 크게 클라이언트-서버(Client-Server) 형태와 피어-투-피어 네트워크(Peer-to-Peer 또는 P2P Network) 형태로 나눌 수 있습니다. 우리가 흔히 쓰는 HTTP(Hypertext Transfer Protocol)는 클라이언트-서버 형태의 통신을 위한 것이며, 이때 데이터는 중앙집중형 서버에 저장되게 됩니다. 이러한 클라이언트-서버 기반의 통신은 인터넷의 등장 이후 오랜 시간 동안 꽤 안정적으로 여러 서비스를 제공해온 것이 사실입니다.

그러나 문제는 이러한 형태의 통신 방식이 텍스트와 같은 작은 파일을 전송하는 데는 효과적이나 오디오나 비디오 파일 같은 대용량의 데이터를 전송하기에는 적합하지 않다는 것입니다. 또한 악의적인 해커나 서버를 제어하는 관리자의 관리 소홀로 인해 무단으로 데이터가 변경·삭제될 위험도 있습니다.

IPFS는 이와 같은 문제점들을 해결하고자 등장한 것으로, P2P 네트워크 형태의 통신 방식을 활용합니다. IPFS에서는 데이터가 작은 블록들로 나누어져 서로 다른 여러 대의 컴퓨터(노드)에 분산 저장됩니다. 그러기에 IPFS에는 단일 장애 지점(single point of failure)이 없으며, 노드들 간에 서로 신뢰할 필요도 없습니다.

좀 더 자세히 설명하자면, IPFS는 분산 해시 테이블(DHT: Distributed Hash Tables), 비트토렌트(BitTorrent), 깃(Git), 자체 인증 파일 시스템(SFS: Self-Certified Filesystems) 등 기존에 개발된 P2P 요소기술들을 종합해 만들

어진 분산 파일 시스템입니다. 여기서 DHT는 다른 노드의 네트워크 주소를 찾거나 특정 데이터 블록을 보관하고 있는 노드를 찾기 위해 사용됩니다. 또한 각 노드들 간의 원활한 파일 공유를 위해서는 비트토렌트 기술이 활용됩니다. IPFS에서는 비트토렌트에서와 마찬가지로 데이터 공유에 기여하는 노드에게는 보상하고, 해가 되는 노드들에게는 패널티를 줍니다. 이외에도 데이터의 수정내역을 기록하고 관리하는 등의 버전 관리를 위해서는 머클 방향성 비순환 그래프(Merkle DAG) 기반의 깃이 이용되며, 도메인 네임 시스템(DNS: Domain Name System)과 같은 네이밍 서비스를 제공하기 위해 SFS에 기반한 IPNS(Inter Planetary Name System)가 사용됩니다.[28]

IPFS 홈페이지

더욱이 IPFS를 개발한 프로토콜랩스(Protocol Labs)에서는 파일코인 (Filecoin)을 발행해 데이터 블록을 저장하는 데 기여한 노드들에게 인센티브를 지급함으로써 사용자들의 참여를 자체적으로 독려하고 있습니다.

우리가 집을 살 때 등기권리증의 주소지에 있는 실제 건물을 직접 찾아가 건물에 균열이 생기거나 지반이 침하된 곳이 없는지 직접 확인하는 게 중요하듯 NFT 거래 시에도 디지털 파일 원본이 안전한 곳에 저장·관리되고 있는지 확인하는 것은 매우 중요합니다. 급성장하고 있는 NFT 시장 규모만 큼이나 IPFS의 올바른 활용법에도 많은 관심을 기울여 낭패를 보는 일이 없도록 해야겠습니다.

 김승주 교수의 NFT 꿀팁

NFT의 원본 디지털 콘텐츠나 메타데이터를 중앙화된 방법으로 저장하는 것은 매우 위험합니다. 예를 들어 여러분이 민팅한 NFT의 원본 콘텐츠가 어느 회사의 서버에 저장되었다고 가정해보겠습니다. 이럴 경우 회사가 망하거나 혹은 회사가 고의적으로 서버를 셧다운하는 경우 원본 콘텐츠는 영원히 사라지게 됩니다. 실제로 이러한 먹튀 사건은 NFT계에서 종종 일어나고 있습니다.

NFT

질문 TOP 26

NFT도
해킹될 수 있나요?

"블록체인은 해킹이 불가능하다"는 말이 대표적인 가짜 뉴스이듯 "NFT 는 블록체인 기반으로 동작하기 때문에 해킹이 불가능하다"는 말 또한 틀린 얘기입니다.

우선 NFT는 디지털 콘텐츠의 무단 사용을 막아주는 디지털 저작권 관리(Digital Rights Management)솔루션이 아닙니다.[29] 앞서 783억 원에 거래되어 화제가 된 비플의 '매일: 첫 번째 5000일' 그림 원본을 인터넷에서 찾아 보여드린 적이 있습니다. 제가 비플 그림을 구매한 사람이 아님에도 블록체인을 검색해 NFT를 찾고, 이를 통해 원본 이미지의 위치를 찾은 후 웹 브라우저를 통해 그림 원본을 보는 것이 가능했습니다. 이처럼 NFT는 디지털 원본의 비밀성을 보장해주지는 못합니다.[30]

두 번째로 블록체인이 아닌 외부에 저장되는 NFT 원본 파일은 해킹 또는 관리자의 부주의로 인해 언제든 훼손 또는 삭제될 수 있는 위험성이 존재합니다.

세 번째로 NFT에 기록된 소유주 정보나 원본 파일의 위치 정보는 블록체인의 불변성 특징으로 인해 삭제나 수정이 거의 불가능하다고 알려져 있습니다. 이론적으로는 맞는 얘기입니다. 그러나 건축가(설계자)가 아무리 완벽하게 설계했다 하더라도 실제 건물을 짓는 시공사의 전문성이 떨어질 경우 건물에 균열이 간다거나 화재에 취약하다거나 하는 문제가 있을 수 있듯 블록체인도 마찬가지입니다. 블록체인의 설계가 아무리 이론적으로(즉 알고리즘적으로) 완벽하다 하더라도 그것을 소프트웨어로 구현하는 과정에서 프로그래밍 오류가 발생한다면 이는 곧 해킹으로 이어질 수 있습니다. 거꾸로 구현이 아무리 완벽했다 하더라도 설계상에 근본적인 문제(이를 '논리적 오류'라고도 함)가 있다면 이 역시 해킹으로 이어질 수 있습니다.

네 번째로 NFT 거래라고 하는 것이 본디 암호화폐를 주고받는 것과 같은 원리로 이루어지기 때문에 통장 비밀번호에 해당하는 전자지갑 키(key)가 가짜 피싱 사이트(phishing site)[31]나 스캠 메일(scam mail)[32] 등을 통해 유출될 경우 NFT의 소유권이 엉뚱한 사람에게 넘어갈 수 있습니다. 실제로 지난 2022년 2월 19일(현지시간) 발생한 피싱 공격으로 인해 오픈씨(OpenSea) 사용자 17명이 소유한 NFT 254개가 도난되는 일이 있었습니다. 해커는 탈취한 NFT를 룩스레어(LooksRare)를 통해 65만 달러 이상에 판매했다고 합니다.

다섯 번째로 NFT 거래 시스템을 구성하는 기본 요소들, 즉 블록체인, 스마트 콘트랙트, NFT 등의 설계 및 구현이 아무리 잘되었다 하더라도 이들이 서로 통신하기 위해 사용하는 인터넷이 해킹으로 교란된다면 얼마든 NFT 탈취가 가능합니다. 지난 2022년 2월 3일 암호화폐 클레이튼(KLAY)을 기반으로 탈중앙화금융(DeFi) 서비스를 제공하는 클레이스왑(KLAYswap)이 정체불명의 해커 집단의 공격으로 약 22억 원 규모의 암호화폐를 탈취당했습니다.[33] 이는 인터넷 통신 경로를 설정하기 위해 사용하는 경계 경로 프로토콜(BGP: Border Gateway Protocol)을 공격해 일어난 사건으로, 해커는 인터넷 통신의 구조적 취약점을 이용해 자신이 만든 악성 프로그램을 정상 프로그램 대신 호출·실행되게 함으로써 암호화폐 탈취에 성공했습니다.[34]

이상과 같이 암호화폐나 블록체인은 얼마든지 해킹될 수 있습니다. 특히 암호화폐 및 NFT 거래는 큰돈을 다루는 경우가 많기에 일반적인 해킹에 비해 더 큰 피해를 초래할 수도 있습니다. 서비스를 이루는 모든 구성 요소들에 대해 항상 철저한 보안성 검증이 필요함을 개발자나 거래 당사자 모두 명심해야겠습니다.

 김승주 교수의 NFT 꿀팁

가상자산이 갖는 익명성과 인터넷에 있는 수많은 돈세탁 서비스 회사들로 인해 암호화폐나 NFT가 해킹될 경우 이를 회수하기란 쉽지 않습니다. 실제로 미국 국가안보회의(NSC)의 사이버·신기술 담당 부보좌관은 "북한은 WMD·탄도미사일 프로그램을 위한 자금을 위해 유엔과 미국의 강력한 경제 제재를 회피하며 사이버범죄 등 불법 활동에 의존한다. 우리가 세계적으로 함께 구축한 돈세탁 방지 시스템이 이제는 가상자산 세계에도 마련되어야 한다"고 말하기도 했습니다.

NFT
질문 TOP
27
가스 비가 비싸다는 논란을
해결할 방법이 없나요?

블록체인에서와 마찬가지로 스마트 콘트랙트 또한 동기부여 장치가 필요합니다. 만일 이것이 없다면 그 누구도 자신의 컴퓨터를 이용해 남의 프로그램을 대신 수행해주지는 않을 것이기 때문입니다. 그런데 여기서 문제가 발생합니다.

사람들은 본능적으로 수수료가 높은 스마트 콘트랙트부터 먼저 수행하려고 할 것이기에 자신의 스마트 콘트랙트를 빨리 실행시키고자 하는 사람은 남들보다 더 높은 수수료를 내걸어야 하고, 이는 곧 과도한 수수료 경쟁으로 이어지게 됩니다.

특히 가장 인기 있는 블록체인 플랫폼인 이더리움의 경우, 이미 많은 스마트 콘트랙트들이 등록되어 있고 최근에 NFT까지 큰 주목을 받으면서 민

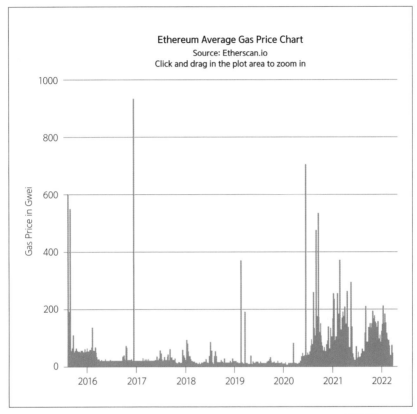

출처: Etherscan.io

팅 및 NFT 거래를 위한 수수료 경쟁은 더욱 심해졌습니다. 세계적 투자 은행인 JP모건(J.P.Morgan)은 이러한 높은 처리 수수료로 인해 이더리움이 NFT 부문에서 솔라나(Solana)나 카르다노(Cardano)와 같은 경쟁자들에게 입지를 잃고 있다고까지 말하기도 했습니다. 실제로 2021년 5월에 이더리움 블록체인의 평균 거래 수수료는 대략 16달러였습니다. 이는 당시 비트코인 블록체인의 평균 거래 수수료보다 적은 것입니다. 하지만 6개월이 지난 2021년 11월 이더리움 네트워크에서 거래하는 비용은 40~70달러로 치솟았습니다.

사실 이더리움 개발자들도 이러한 문제를 잘 알고 있습니다. 지난 2021년 8월 5일 밤 10시경 이더리움의 런던 하드포크 업데이트가 성공적으로 이루어졌습니다. 이번 업데이트의 경우 특히 EIP(Ethereum Improvement Proposals)-1559[35]가 많은 주목을 받았는데요, 그 이유는 이전 수수료 모델에서 변화를 꾀했기 때문입니다. EIP-1559에서는 기본료 (base fee) 및 이에 기반한 블록 크기의 탄력적인 조정을 통해 수수료 폭등을 조정할 수 있도록 했습니다.

이외에도 현재 이더리움 개발자들은 다양한 레이어(layer)-2 확장성 솔루션 개발을 시도하고 있습니다. 앞서 얘기했듯 레이어-2란 별도의 오프체인(off-chain)에서 레이어-1 블록체인(blockchain 또는 on-chain)의 속도 문제를 해결하는 솔루션입니다. 더불어 처리 수수료를 줄이는 데도 도움을 줍니다. 레이어-2 솔루션을 사용하는 주요 이점 중 하나는 두 번째 레이어가 별도로 추가되기 때문에 레이어-1 자체의 구조적 변경을 거칠 필요가 없다는 것입니다. 따라서 레이어-2 솔루션은 블록체인 자체의 보안성을 훼손하지 않고도 처리량을 높일 수 있다는 큰 장점을 가지고 있습니다.

이러한 레이어-2 솔루션의 대표적인 예로는 비트코인 라이트닝 네트워크(Bitcoin Lightning Network)와 이더리움 플라즈마(Ethereum Plasma)가 있습니다. 라이트닝 네트워크는 구성원 간의 소액 결제를 처리할 수 있도록 2015년에 개발되어 비트코인 블록체인에 추가된 레이어-2 솔루션입니다. 이더리움 플라스마(Plasma)는 이더리움의 공동 창시자인 비탈릭 부테린과 조셉 푼(Joseph Poon)이 2017년 8월에 제안했습니다. 플라스마는 기본적으로 트리(tree)처럼 생긴 구조를 가진 수많은 작은 체인들을 만들어 이더리움 블록체인의 전반적인 성능을 향상시키고자 하는 오프체인 해결책입니다.

이러한 노력들이 최종적으로 성공할지 여부는 아직 확실하지 않습니다. 그러나 지금까지의 중간 결과는 그리 나쁘지 않다는 평을 듣고 있습니다. 이더리움이 한 단계 더 도약할 수 있을지, 아니면 신진 경쟁자들에게 지금의 자리를 내줄지 지켜보는 것도 매우 흥미로운 일이 될 것 같습니다.

 김승주 교수의 NFT 꿀팁

점점 더 많은 사람들이 암호화폐와 NFT에 참여할수록 가스 수수료는 이더리움 블록체인 생태계의 큰 문제가 되고 있습니다. 지분증명 거래 프로세스로의 전환이 완료될 때까지 가스 요금은 이더리움의 크립토나이트(Kryptonite)가 될 수도 있습니다.

NFT

질문 TOP 28

NFT는 환경친화적이지 않다는데 정말인가요?

테슬라의 일론 머스크(Elon Reeve Musk) 대표는 2021년 5월 트위터에 "암호화폐는 여러 면에서 좋은 아이디어지만 환경에 큰 피해를 줄 수 있다"고 말하면서 테슬라 결제 시 지원하던 비트코인 결제를 돌연 중단했습니다. 그러자 당시 비트코인 채굴의 환경파괴 문제가 대두되면서 비트코인 가격이 15%나 하락했습니다.

머스크의 지적뿐만이 아닙니다. 마이크로소프트의 설립자인 빌 게이츠(Bill Gates) 또한 《뉴욕타임스(The New York Times)》와의 인터뷰에서 "비트코인은 인류에게 알려진 다른 어떤 방법보다 거래당 전기를 더 많이 사용한다. 그것은 환경친화적이지 못하다"며 비판했고, 중국 정부의 경우에도 "비트코인 채굴을 이대로 둔다면 2060년엔 탄소중립을 실현한다는 국가적 목

표에 차질이 생긴다"고 말하며 자국 내 모든 채굴 공장의 폐쇄를 지시하기도 했습니다.[36]

실제로 미국 에너지 정보국(U.S. Energy Information Administration)의 발표에 따르면 비트코인이 소비하는 연간 전기량은 2019년 기준으로 네덜란드나 아랍에미레이트 등의 국가별 연간 전력 소비량을 이미 추월했다고 합니다. 에너지 정보국뿐만이 아닙니다. 비트코인의 에너지 소비를 추적하는 웹사이트인 '디지코노미스트(Digiconomist)'에 따르면 1건의 비트코인 거래에는 약 707.6kWh의 전기 에너지가 사용된다고 하는데, 이는 평균 미국 가

PoW로 인한 비트코인의 에너지 과소비 문제

비트코인이 소비하는 연간 전기량은 2019년 기준으로 이미 스위스나 그리스 등의 국가별 연간 전력 소비량을 추월했음.

출처: 케임브리지대학교

정이 24일 동안 소비하는 전력량과 같습니다. 또한 이더리움의 연간 전기에너지 소비량은 50TWh로 포르투갈의 전력 소비량과 비슷하며, 이더리움 거래 1건당 소비하는 전력은 약 90kWh로 평균 미국 가정이 3일 동안 소비하는 양과 같습니다.

비트코인이 많은 전기를 사용하는 이유는 시빌 공격(Sybil Attack)을 막기 위해 사용자[이른바 채굴자(miner)]로 하여금 빠른 시간 안에 복잡한 암호 퍼즐을 풀 것[이른바 작업증명(PoW: Proof of Work)]을 요구하기 때문입니다.

NFT 또한 블록체인을 이용하는 만큼 환경친화적이지 못합니다. 네덜란드 중앙은행의 데이터 과학자인 알렉스 드 브리스(Alex de Vries)는 비트코인 거래 1건에 평균 300kg의 이산화탄소(CO_2)가 발생한다고 했습니다. 이는 약 75만 건의 신용카드 거래가 생성하는 이산화탄소 배출량과 맞먹는 수치입니다.

또한 암호화폐 전문매체 '디지코노미스트(Digiconomist)'에 따르면, 비트코인을 1개 채굴해 거래하는 데 드는 탄소 배출량은 10만 5,496시간 동안 유튜브를 시청한 것과 같다고도 합니다. NFT의 경우 민팅, 구매, 판매, 재판매와 관련한 모든 단계에서 에너지를 필요로 하기 때문에 비트코인에 비해 훨씬 더 많은 에너지를 소비하게 됩니다.

다행인 점은 이러한 문제를 해결하고자 비트코인의 작업증명과는 달리 전력을 덜 쓰는 지분증명(PoS: Proof of Stake) 등 다양한 방식들이 현재 연구·개발되고 있다는 것입니다. 최근 발표된 이더리움 개발진의 추정치에 따르면 지분증명은 작업증명보다 에너지 효율이 최대 2천 배 더 높으며 총 에너지 사용량을 99.95%까지 줄일 수 있다고 합니다. 이렇게 될 경우 이더리움 블록체인 네트워크의 각 노드가 소비하는 에너지량은 가정용 컴퓨터를 실행하는 비용과 대략 동일하게 됩니다.

또한 이외에 비트코인 채굴에 재생 가능 에너지를 적극 활용하는 방안도 연구되고 있습니다. 2020년 9월에 발간된 '제3차 글로벌 암호화폐 벤치마킹 연구(3rd Global Cryptoasset Benchmarking Study)'에 따르면 전 세계적으로 작업증명 채굴자의 총 에너지 소비에서 재생 가능 에너지의 사용 비율은 39%에 도달했다고 합니다. 이는 2018년 2차 벤치마킹 연구에서 기록된 28%의 점유율보다 향상된 수치입니다.

이 보고서에 의하면 사용되는 재생 가능 에너지 중 거의 3분의 2(62%)가 수력 발전이며, 풍력과 태양열(각각 17% 및 15%)은 석탄과 천연 가스(각각 38% 및 36%)에 비해 훨씬 낮습니다. 또한 지역 내, 특히 아시아 태평양, 유럽 및 북미 지역 내에서 상당한 차이가 있습니다. 재생 에너지의 평균 비율은 유럽과 북미에서 각각 약 70%와 66%로 상대적으로 높은 반면 아시아 태평양 지역의 평균은 25%로 훨씬 낮아 석탄 사용량이 수력 발전 수준과 일치합니다. 이러한 조치들이 보다 더 전 세계적으로 대중화되려면 아직은 좀 더 시간이 필요할 것으로 보입니다.

 김승주 교수의 NFT 꿀팁

최근 친환경 에너지로 채굴을 시도하는 이들이 늘어가고 있는 게 사실입니다. 하지만 재생에너지를 사용한다고 해서 "친환경적인 채굴을 하고 있다"고 단정 짓기엔 무리가 있습니다. 예를 들어 수력발전을 통한 비트코인 채굴의 경우 우기가 아닌 건기 때는 발전량이 부족해 화력발전이 뒷받침되지 않으면 채굴 시설이 유지되기 어려우며, 비트코인 채굴기들은 대체로 2년 내에 수명을 다하고 버려지기 때문에 전자 폐기물 또한 문제가 됩니다.

NFT
질문 TOP 29
이더리움 블록체인상에서만 NFT가 동작하나요?

대체불가능토큰(NFT)은 일반적으로 비트코인 또는 이더리움과 같은 암호화폐와 동일한 방법으로 만들어집니다. 하지만 물리적 화폐와 암호화폐는 대체 가능, 즉 서로 교환 가능한 반면에 NFT는 서로 동등하게 교환될 수 없습니다.

NFT란 용어와 관련 표준은 이더리움 개발자들에 의해 최초로 제안되었습니다만, 최근 NFT가 인기를 끌면서 플로우(Flow), 테조스(Tezos), 솔라나(Solana) 등의 여러 다양한 블록체인에서 NFT를 지원하고 있습니다. 그러나 여전히 이더리움은 NFT 생성 및 판매에 있어서 지배적인 영향력을 발휘하고 있습니다. 따라서 여기서는 현재 시장을 주도하는 이더리움의 NFT 관련 표준에 대해 살펴보도록 하겠습니다.

① ERC-721 표준: 크립토키티(CryptoKitties)의 설립자이자 CTO인 디터 셜리(Dieter Shirley)에 의해 처음 제안된 ERC(Ethereum Request for Comment)-721은 이 모든 것을 시작한 대체불가능토큰 관련 표준이며, 가장 인기 있고 널리 사용되는 NFT 표준이기도 합니다. 이런 이유로 많은 디지털 아티스트들은 자기 창작물에 ERC-721 표준을 사용합니다. ERC-721 표준이 없었다면 세상에 크립토키티(CryptoKitties)나 디센트럴랜드(Decentraland)는 존재할 수 없었을 것입니다.

ERC-721 표준

```
1.    contract ERC721 {
2.      event Transfer(
3.        address indexed _from,
4.        address indexed _to,
5.        uint256 _tokenId
6.      );  event Approval(
7.        address indexed _owner,
8.        address indexed _approved,
9.        uint256 _tokenId
10.     );  function balanceOf(address _owner)
11.       public view returns (uint256 _balance);  function
      ownerOf(uint256 _tokenId)
12.       public view returns (address _owner);  function
      transfer(address _to, uint256 _tokenId) public;  function
      approve(address _to, uint256 _tokenId) public;  function
      takeOwnership(uint256 _tokenId) public;
13.   }
```

② ERC-1155 표준: ERC-1155 표준을 사용하면 동일한 스마트 콘트랙트 내에서 대체가능토큰(이른바 ERC-20 토큰)과 대체불가능토큰(이른바 ERC-721 토큰)의 기능을 동시에 수행할 수 있습니다. 이 표준은 주로 게임에 사용할 것을 염두에 두고 만들어졌습니다.

③ ERC-20 표준: ERC-20은 NFT가 아닌 대체가능토큰, 즉 암호화폐를 위해 작성된 표준입니다. 이 표준은 2015년에 처음 제안되었고, 2년 후인 2017년에 완성되었습니다. 이더리움에서는 일반인들이 이더리움 블록체인을 활용해 좀 더 쉽게 암호화폐를 발행할 수 있도록 관련 표준과 도구를 제공하고 있습니다. 이렇게 만들어진 암호화폐를 토큰이라고 하는데, 이때 사용되는 표준이 ERC-20 표준입니다.

단, 여기서 주의할 점은 이더리움 블록체인상에서 민팅된 NFT는 솔라나 등 다른 블록체인상에서는 동작하지 않는다는 것입니다. 반대의 경우도 마

ERC-20 표준

```
1.    contract ERC20 {
2.      event Transfer(
3.        address indexed from,
4.        address indexed to,
5.        uint256 value
6.      );
7.      event Approval(
8.        address indexed owner,
9.        address indexed spender,
10.       uint256 value
11.     );   function totalSupply() public view returns(uint256);
12.     function balanceOf(address who) public view
      returns(uint256);
13.     function transfer(address to, uint256 value) public
      returns(bool);
14.     function allowance(address owner, address spender)
15.       public view returns (uint256);
16.     function transferFrom(address from, address to, uint256
      value)
17.       public returns (bool);
18.     function approve(address spender, uint256 value)
19.       public returns (bool);
20.   }
```

찬가지입니다. 또한 어떤 암호화폐를 보유하고 있느냐에 따라 구매할 수 있는 NFT에 제약이 있습니다. 이더리움 블록체인 기반으로 만들어진 NFT는 이더리움 암호화폐로만 거래할 수 있으며, 클레이튼 기반은 클레이(Klay)로만 구매할 수 있습니다. 그러므로 처음 NFT 민팅 시 사용할 블록체인을 신중하게 고르는 일은 매우 중요하다 하겠습니다.

 김승주 교수의 NFT 꿀팁

NFT에 관해 이야기할 때 보통 ERC-721을 떠올릴 것입니다. 그러나 2018년까지 NFT 표준은 세상에 나타나지 않았습니다. 그럼 이전에 나왔던 ERC-721 표준을 따르지 않은 비표준 NFT들은 어떻게 거래될 수 있을까요? 이를 위해 래핑(wrapping)이란 기술이 존재합니다. 래핑이란 비표준 NFT를 ERC-721 표준 NFT로 전환하는 것으로, 래핑을 마치면 비표준 NFT들도 오픈씨 및 라리블 같은 인기 있는 시장에서 거래할 수 있게 됩니다.

NFT↱

질문 TOP
30

NFT와 더불어 주목받고 있는 솔라나는 무엇인가요?

현존하는 가장 빠른 속도를 자랑하는 블록체인 중의 하나인 솔라나(Solana)는 2020년 3월에 메인넷이 출시되었지만 그 기원은 2017년까지 거슬러 올라갑니다. 솔라나의 창시자인 아나톨리 야코벤코(Anatoly Yakovenko)와 그의 퀄컴(Qualcomm) 동료였던 그레그 피츠제럴드(Greg Fitzgerald)는 2017년 백서를 발행했고, 2018년 2월 최초의 내부 테스트넷을 발표했으며, 2019년 3월에 메인넷 개발을 시작해 2020년에 출시했습니다. 메인넷 출시 이후 지금까지 솔라나는 5천만 개 이상의 블록을 생성했으며 세럼(Serum), 체인링크(Chainlink), 테라(Terra), 오디우스(Audius), USD코인(USDC), 테더(USDT) 등의 프로젝트가 모두 솔라나 생태계에 합류했습니다.

솔라나의 빠른 처리 속도에 핵심적인 역할을 하는 기술은 노드들 간 공통의 시계 역할을 하는 '역사증명(PoH: Proof of History)', PoH를 이용해 기존 PBFT(Practical Byzantine Fault Tolerance)를 최적화한 '타워(Tower) BFT', P2P(peer-to-peer) 파일 전송 프로토콜의 대명사인 비트토렌트(BitTorrent)를 응용해 만든 고속 블록 전파 프로토콜, '터빈(Turbine)', 멤풀(Mempool)이 필요 없는 트랜잭션 전달 프로토콜, '걸프스트림(Gulf Stream)', 수만 개의 스마트 콘트랙트를 병렬로 처리하는 것을 가능케 하는 '해수면(Sealevel)', 빠른 트랜잭션 검증을 위한 '파이프라이닝(Pipelining)', RAM이 아닌 SSD를 활용해 글로벌 상태를 저장토록 하는 '클라우드브레이크(Cloudbreak)', 그

솔라나의 핵심 구성 요소인 PoH

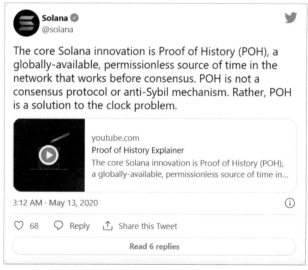

"PoH는 합의 프로토콜이나 시빌 공격 대응 메커니즘이 아니라, 시간 동기화 문제에 대한 해결책이다"라고 쓴 글에 주목하자.

리고 대용량 분산원장 저장소인 '아카이버(Archivers)' 등 8가지입니다. 이 8가지 중에서 솔라나의 가장 큰 특징을 단 하나만 꼽으라고 한다면 역시 PoH입니다.

퀄컴에서 대부분의 시간을 시스템 최적화에 보낸 아나톨리 야코벤코는 통신에서 배운 교훈을 가져와 블록체인 기술에 적용하고 싶었습니다. 그는 분산 시스템에서 가장 어려운 문제 중 하나는 정확한 시간에 대한 구성원들 간의 합의이며, 이는 블록체인과 같은 적대적인 시스템에서 훨씬 더 어렵고, 만약 이 문제를 해결할 수만 있다면 기존 블록체인의 성능을 비약적으로 개선할 수 있을 것으로 생각했습니다. 이러한 고민 끝에 탄생한 것이 바로 PoH입니다.

서류함에 차곡차곡 쌓인 문서들을 상상해보겠습니다. 각각의 문서가 도착한 정확한 시간은 알 수 없으나 우리는 맨 아래에 있는 문서가 가장 먼저 도착했고, 위로 갈수록 상대적으로 최근에 배달된 문서라는 것은 알 수 있습니다. 물론 문서를 도착한 순서대로 쌓아놓지 않고 중간에 끼워넣는 경우가 발생할 수도 있습니다. 이러한 문제를 막기 위해 모든 문서는 자기가 도착하기 바로 직전에 배달된 문서의 내용을 요약해 본인 표지의 정해진 영역에 적어놓도록 합니다. 이러한 개념을 일방향 해시함수(one-way hash function)라는 암호기술을 이용해 구현해낸 것이 바로 PoH입니다.

사실 PoH의 개념을 솔라나가 처음 제안한 것은 아닙니다. 이미 1990년에 당시 벨코어(Bellcore) 연구소에서 일하던 과학자 스튜어트 하버(Stuart Haber)와 스콧 스토네타(Scott Stornetta)는 「디지털 문서에 대한 타임스탬프 기록 방법(How to Timestamp a Digital Document)」이란 논문을 통해 중앙의 신뢰기관 없이도 해시함수를 이용해 주어진 문서들이 특정 시간 순서대로 존재했음을 검증할 수 있는 기술을 제안했습니다. 이후 이는 비트코인 블록체인의 핵심적인 부분이 되었으며, 솔라나에 와서 PoH란 이름으로 기존 PBFT(Practical Byzantine Fault Tolerance)의 성능을 개선하는 데 활용됩니다.

현재 블록체인 생태계에서는 속도 전쟁이 한창입니다. 탈중앙화금융(DeFi), NFT 등 블록체인의 킬러앱들이 속속 등장하는 지금 블록체인 사용자들의 증가로 인한 속도 저하는 필연적이며, 이를 해결하려는 기업들의 노력은 한층 더 치열해질 것으로 보입니다. '새로운 블록체인 전쟁'이라고도 불리는 이 싸움에서 우리 기업들의 승전보를 기대해봅니다.

 김승주 교수의 NFT 꿀팁

솔라나가 많은 장점을 갖고 있기는 하나, 아직 완벽한 것은 아닙니다. 실제로 솔라나 블록체인의 네트워크 오류는 계속해서 이어지고 있는데요, 솔라나 네트워크는 2021년 9월 네트워크 마비를 겪었고, 지난 2022년 1월에도 총 9차례의 크고 작은 네트워크 문제가 발생했었습니다.

NFT

DAO란
무엇인가요?

NFT 가상자산 생태계에서 새롭게 등장한 조직이 최근 큰 주목을 받고 있습니다. 그것은 바로 '다오(DAO)'입니다.

DAO는 Decentralized Autonomous Organization의 약어로, 탈중앙화된 자율조직을 의미합니다. 여기서 탈중앙화(decentralized)는 CEO(대표)가 있는 것이 아니라 협동조합과 같이 구성원 모두가 조직의 운영에 참여한다는 뜻이며, 자율(autonomous)은 컴퓨터 프로그램, 정확히는 스마트 콘트랙트를 이용해 모든 업무를 자동화시켰다는 뜻입니다.

예를 들어 인터넷을 통해 다수의 개인들로부터 자금을 모으는 크라우드펀딩(crowdfunding)의 경우, 운영주체가 존재하며 전반적인 작업들, 즉 돈을 모으고 투자하고 하는 일련의 행위들이 주로 사람의 손으로 이루어집니다.

반면 DAO를 이용할 경우 자금의 사용처와 사용방법이 모든 구성원들의 합의에 의해 결정되며[37], 참여 자격은 어떻게 되고 어떤 방식으로 투표할 것이며, 정족수는 몇 명이고 그중 찬성 의견이 얼마 이상 모아져야 최종투자를 할지, 모여진 자금을 어떻게 보관할지 등과 같은 조직의 정관(正官)이 모두 컴퓨터 프로그램됩니다. 또한 이 프로그램은 블록체인에 저장되고 실행되기 때문에 모든 코드 내용과 조직 운영 규칙들이 투명하게 공개되며, 이 프로그램을 중간에 수정할 수 없습니다. (즉 사업이 시작된 후에 말 바꾸기를 할 수가 없습니다.)

DAO의 작동 순서

① 지켜야 할 일련의 규칙들을 스마트 콘트랙트로 만듦. 이 스마트 콘트랙트는 블록체인에 기록된 오픈소스이므로 그 코드는 누구라도 볼 수 있으며, 일단 가동하기 시작하면 바꿀 수 없음.
② 자금 조달: 사용자는 DAO에 투자함으로써 투표권을 갖게 되며, 이를 통해 DAO의 운영 방식에 영향을 미칠 수 있게 됨.
③ 자금 조달 기간이 끝나고 DAO가 가동되면, 그 자금의 사용처와 방법에 대한 모든 결정은 중개자 없이 합의를 통해 이루어짐.

사실 우리는 이미 DAO를 경험하고 있습니다. 바로 비트코인입니다. 사전에 프로그램된 일련의 규칙을 갖추고 있고, 자율적으로 기능하며, 분산 합의 프로토콜을 통해 구성원들 간의 이견을 조정해나가는 비트코인이야말로 사상 최초의 DAO라고 볼 수 있습니다. 이러한 DAO는 이더리움의 스마트 콘트랙트가 등장하면서 더욱 정교해졌으며, 단순 투자자금 모집뿐만 아니라 탈중앙화 금융(DeFi), NFT 등 훨씬 더 다양한 분야에서 활용됩니다.

물론 아직 DAO가 완벽한 것은 아닙니다. 우선 운영주체가 특정화되어 있지 않기 때문에 소수 관리자의 부정으로부터 안전할 수 있다는 장점은 있으나, 구성원의 책임의식 결여로 인한 실적 부진 및 의사결정에 있어서의 효율성·신속성 부족 문제에 빠질 수 있다는 단점이 있습니다.

두 번째로 DAO라는 것이 본디 컴퓨터 프로그램을 기반으로 동작하기 때문에 개발자가 프로그래밍을 잘못하면 버그가 생길 수 있고, 이는 곧 대형 해킹 사고로 이어질 수 있다는 문제도 있습니다. '더다오(The DAO)'가 그 대표적인 사례입니다.

'더다오'는 이더리움 기반의 스타트업이나 프로젝트를 지원하기 위한 일종의 탈중앙화된 벤처 캐피탈이었습니다. 투자받기를 희망하는 스타트업이나 프로젝트들에게 컴퓨터 프로그램이 자동으로 암호화폐 이더리움을 모아 투자하는 방식이었는데요, 이때 투자에 대한 결정권은 투자자들이 이더리움을 납입하고 받게 되는 '더다오' 거버넌스 토큰을 이용해 모든 참여자에게 분배되었습니다. '더다오'의 경우 다수결로 결정된 투자 대상이 마음에 들지 않을 경우 언제든지 투자 결정을 따르지 않고 환불을 받을 수 있도록 설계해뒀기 때문에, 리스크가 매우 작다고 판단한 투자자들이 대거 몰려들었습니다. 그러나 불행히도 문제가 발생했습니다. 당시 가격 기준으로 1억 5천만 달러 상당의 이더리움(1,150만 이더리움, 2022년 3월 11일 현재 시가로는 무려 36,153,323,835,000원)이 입금되었는데, 컴퓨터 프로그램의 환불 기능에 오류가 존재했었고, 투자금의 1/3이 해커의 손에 넘어갈 뻔한 대형 사고로 이어졌습니다. 비록 이더리움 개발진이 신속히 블록체인을 하드 포크(hard fork: 일종의 대규모 소프트웨어 업데이트)함으로써 암호화폐가 해커의 손에 들어가는 것을 가까스로 막아내기는 했지만, 이더리움은 결국 이더리움(ETH)과 이더리움 클래식[ETC: 하드포크를 반대한 잔류 집단에 의해서 생긴 구(舊) 이더리움을 일컬음]으로 나눠지게 됩니다.[38]

법적인 문제 또한 존재합니다. 국내에는 아직 DAO와 관련한 법적 장치가 없습니다. 하지만 이미 미국 와이오밍주에서는 DAO가 공식적인 법적 지위를 획득하는 사례가 나왔고, 앞으로 이런 일들은 더욱 확대될 것으로 보입니다.

이상과 같이 암호화폐의 탈중앙화 정신을 조직 운영에까지 확대시킨 DAO는 아직 기술적으로나 제도적으로 불완전합니다. 하지만 현재도 DAO는 계속해서 발전을 거듭하고 있으며, 언젠가는 현재의 중앙집중형 조직이 갖는 부정부패 문제 및 플랫폼 기업이 갖는 독과점 문제를 해결할 수 있는 좋은 수단이 될 수 있을 것입니다.

 김승주 교수의 NFT 꿀팁

암호화폐와 블록체인 리서치 회사 메사리(Messari)는 2022 전망보고서에서 "2020년의 주인공이 DeFi였고 2021년은 NFT였다면, 2022년은 DAO의 해가 될 것"이라며, "블록체인은 택시 기사들이 일자리를 잃게 하는 대신 우버가 사라지고 택시 드라이버들이 고객과 직접 일을 하도록 할 것"이라는 이더리움 창시자 비탈릭 부테린의 말을 인용하기도 했습니다.

NFT
질문 TOP 32

DeFi는
또 무엇인가요?

　'디파이(DeFi)'란 암호화폐나 NFT 같은 가상자산을 기반으로 스마트 콘트랙트를 이용해 동작하는 탈중앙화된 금융 서비스(Decentralized Finance)를 말합니다. 한마디로 현실 세계의 각종 금융서비스를 DAO화한 것이라고 보면 됩니다.

　기존 금융에서 소비자들은 거의 대부분 본인과 관련된 이자율만 확인할 수 있을 뿐이고, 그 뒤에 자금이 어떤 경로로 흘러 어떻게 운영되며 얼마의 수익을 내고 있는지에 대해서는 전혀 알 수 없습니다. 기존 금융은 소비자가 아닌 중개인인 금융사가 모든 정보 및 운영권을 독점하고 있으며, 이러한 정보의 비대칭은 금융사와 소비자 간에 압도적인 비대칭적 권력구조를 만들었습니다.

하지만 디파이에서는 금융거래 시 특정 서비스 운영주체(금융기관)나 중개인의 개입을 요구하지 않고 프로그램 코드가 이를 대신하며, 단순히 이자율과 같은 정보뿐만 아니라 고객들로부터 예치된 자금이 어떤 경로로 흘러 얼마의 수익을 내고 어떻게 배분되는지 등과 같은 세세한 사업 로직까지도 투명하게 공개된다는 특징이 있습니다.

또한 디파이를 구성하는 모든 프로그램 코드들은 오픈소스로 투명하게 공개되어 있어서 누구나 이를 가져다가 자신이 만들고자 하는 금융 서비스에 접붙이는 것이 가능합니다.[39]

현재 디파이 서비스는 예·적금 및 대출 분야가 47%로 가장 많고, 탈중앙화 가상자산 거래소(DEX: Decentralized Exchange)가 36%로 뒤를 잇고 있으며, 보험·자산관리·파생상품 등으로 점점 더 영역이 다양해지고 있는 실정입니다.

그런데 이렇게 대출 등의 다양한 금융서비스를 제공하는 데 있어 가장 중요한 것은 충분한 유동성(liquidity)을 확보하는 일입니다. 이를 위해 등장한 것이 바로 가상자산을 맡기고 이자를 받는 '이자 농사(yield farming)'[40]란 개념입니다.

이자 농사는 디파이에서 사용자가 유동성을 공급하고 그 대가로 지급받는 '거버넌스 토큰(governance token)'을 재투자해 연쇄적인 이자 수익을 얻는 것을 말합니다. 대출 서비스는 초기 유동성 확보를 위해 자산을 예치해줄 사용자[이른바 유동성 공급자(LP)]들을 필요로 합니다. 은행에 현금을 맡겨놓는 예금처럼 말입니다.

원래는 이때 유동성 공급자에게 일정량의 이자를 주는 것이 일반적이나, 가상자산의 경우 가격 변동성이 크기 때문에 사람들이 코인(토큰)을 매수하기만 하고 시장에 내놓지는 않으면서 유동성 공급에 문제가 생겨나기 시작했습니다.

디파이에서는 이러한 문제를 해결하기 위해 자산 예치 또는 대출을 일으키는 유동성 공급자에게 이자 외에도 또 다른 자체 토큰을 추가로 줍니다. 이를 거버넌스 토큰이라고 하며, 해당 디파이 서비스 내에서 담보비율과 이자율 등을 결정하기 위한 의결권을 행사하는 데 사용할 수 있습니다. 이용자들은 본인이 원한다면 이렇게 받은 거버넌스 토큰까지도 또 다른 유동성 풀에 재투자하며 이자를 계속 증폭시켜 나갈 수 있기 때문에 이자 농사라고 불립니다.

이러한 이자 농사 붐의 시초는 이더리움 기반 디파이 서비스를 제공하는 업체 중 하나인 컴파운드(Compound) 파이낸스의 등장입니다. 컴파운드가 내놓은 유동성 보상 토큰인 COMP는 며칠 만에 그 가치가 4배 이상 폭등하며 사람들을 놀라게 했는데요, 이후 이를 모방한 다양한 이자 농사 모델들이 생겨나면서 풍부한 유동성을 갖춘 각종 디파이 서비스들이 대거 등장하기 시작합니다.[41]

현재 디파이에 대해서는 미래를 낙관하는 전문가들도 있지만, 기술적으로 충분히 성숙되지 않은 상황에서 폭탄 돌리기를 하고 있다며 비판하는 전문가들도 있는 것이 사실입니다. 더구나 디파이의 경우 중앙관리 기관이 존재하지 않는 금융 서비스이기 때문에 시스템 자체에 오류나 해킹이 발생할 경우 DAO처럼 책임 소재가 불분명합니다. 게다가 디파이는 이더리움같이 국경에 구애받지 않는 글로벌 블록체인 네트워크 위에서 작동하기 때문에 국경을 구분하거나 서비스에 대한 관할 국가를 특정하는 것 자체도 어렵습니다.[42]

모든 투자는 원금 손실을 낼 위험을 기본적으로 안고 있습니다. 이제 막 걸음마를 뗀 디파이의 경우에는 더욱 그렇습니다. 이것이 바로 우리가 암호화폐, 블록체인, NFT 등에 대해서 계속 꾸준히 공부해야 하는 이유이기도 합니다.

 김승주 교수의 NFT 꿀팁

이더리움의 창시자 비탈릭 부테린은 디파이 이자농사는 마치 중앙은행이 경기부양을 위해 돈을 찍어내는 것과 같은 방식으로 유지된다며 지속 불가능하다고 강조한 바 있습니다. 디파이 생태계가 실수요에 기반해 기존 금융상품 대비 더 나은 서비스를 제공하려는 목적이 아니라, 단지 이자농사만을 위한 투기 목적으로 악용될 경우 다단계, 폭탄 돌리기라는 참담한 결과를 맞볼 수도 있습니다.

NFT

질문 TOP 33

NFT는 DAO 및 DeFi와 무슨 관련이 있는 것인가요?

암호화폐 또는 NFT 매매를 중개하는 가상자산 거래소는 사실 금융기관을 배제한 채 전자화폐를 만들고자 했던 사토시 나카모토의 철학과는 모순됩니다.

국내에서 많은 사람들이 이용하는 코인원(Coinone)이나 빗썸(Bithumb), 업비트(UPbit), 그리고 해외의 바이낸스(Binance), 코인베이스(Coinbase) 등은 운영주체가 뚜렷한 '중앙화된 거래소(CEX: Centralized Exchange)'입니다. 이런 중앙화된 거래소의 경우 내부 직원들이 특정 가상자산에 대한 상장·폐지·매수·매도 관련 정보를 외부인보다 좀 더 빠르고 정확하게 알 수 있기 때문에 각종 부정이 발생할 여지가 있게 됩니다.

이러한 문제를 해결해내기 위해 등장한 것이 '탈중앙화 가상자산 거래

164

소(DEX: Decentralized Exchange)'입니다. DEX는 기존의 가상자산 거래소에 탈중앙화된 자율조직(DAO)의 개념을 더한 것으로, 쉽게 말해 특정 중개인이나 관리자 없이 개인과 개인 간에 가상자산을 거래하는 곳입니다. 즉 기존의 중앙화된 거래소에서 중개인이 하던 일들은 스마트 콘트랙트가 대신합니다.

그런데 문제는 이게 말처럼 쉽지 않다는 것입니다. 일반적인 거래소에서는 팔고 싶어 하는 사람들이 팔고 싶어 하는 가격과 사고 싶어 하는 사람들이 사고 싶어 하는 가격이 만나는 곳에서 가격이 결정됩니다. 이를 위해 보통 호가창이 있는 오더북(order book, 구매자와 판매자의 모든 매도 및 매수 주문을 기록한 전자 목록)을 활용하는데요,[43] 이러한 오더북에 기반한 매매 방식은 유동성이 부족한 거래소에서는 제대로 동작하지 않을 수 있습니다. 왜냐하면 매수자와 매도자 숫자가 많지 않고 거래물량이 많지 않으면(즉 유동성이 풍부하지 않으면) 결국 매도 가격과 매수 가격이 근접하지 않아 거래가 잘 발생하지 않기 때문입니다.

이러한 단점을 극복하기 위해 유니스왑(Uniswap)이 제시한 방법이 '자동화된 시장 메이커(AMM: Automated Market Maker)'란 개념입니다. AMM은 호가창이 있는 오더북 대신 사전에 정한 수학 공식을 이용해 자동으로 합리적인 매매 가격이 결정되도록 합니다. 유니스왑의 AMM에서는 토큰(코인)의 가격이 유동성 풀(pool)에 있는 이더리움과 해당 토큰(코인)의 수량에 따라 자동으로 결정되는데, 예를 들어 설명하면 다음과 같습니다.

① 유니스왑에서는 '$x \times y = k$'라는 공식을 사용해 가상자산의 가치를 매깁니다.[44] 초기 유동성 풀에 이더리움 500개와 ERC-20 토

큰 A 500개가 들어있다고 상상해보겠습니다. 그러면 '500×500= 250,000'이 됩니다. 이 250,000은 변하지 않는 고정된 값으로, 유니스왑 AMM의 핵심이며 풀 내의 전체 유동성이 일정하다는 것을 의미합니다.

② 이더리움을 토큰 A로 교환하고 싶어 하는 김성균 씨는 자신이 가진 이더리움 100개를 유동성 풀에 집어넣습니다. 이제 유동성 풀의 이더리움 개수는 총 600개가 됩니다.

③ 이제 유니스왑의 AMM이 작동할 시간입니다. 600이란 숫자를 앞의 공식에 대입해보겠습니다.

$$600×y = 250,000$$

이 방정식을 풀면 y = 416.67이 됩니다. 이렇게 계산된 가치를 바탕으로 김성균 씨는 83.33개(= 500 - 416.67)의 토큰 A를 받아갑니다.

④ 얼마 후 김성균 씨는 토큰을 추가로 더 매입하고 싶어집니다. 앞에서와 같이 김성균 씨는 자신이 가진 이더리움 100개를 추가로 유동성 풀에 넣을 것이고, 그러면 이제 공식은 다음과 같이 바뀝니다.

$$700×y = 250,000$$

이 방정식을 계산하면 y = 357.14가 되므로, 김성균 씨는 59.53개 (= 416.67 - 357.14)의 토큰 A를 추가로 가져갑니다.

왜 김성균 씨는 똑같은 이더리움 100개를 가지고 첫 거래에서는 토큰 83.33개를 구매한 반면 두 번째 거래에서는 59.53개밖에 구매할 수 없었을까요? 유동성 풀에 있는 이더리움의 수는 꾸준히 늘어간 반면, 토큰 A의 수는 계속 줄기만 했기 때문입니다. 결국 이더리움의 가치는 계속 하락한 반면 토큰 A의 가치는 올라간 것입니다.

이러한 AMM의 등장과 성공은 유동성이 부족한 탈중앙화 가상자산 거래소에 일대 지각변동을 불러오게 됩니다. 이후 유니스왑을 모방한 각종 거래소들이 우후죽순 등장하게 되는데, 대부분 유니스왑의 작동 원리와 비슷합니다.

DAO와 DeFi가 그렇듯, DEX 또한 아직 완벽하지 않습니다. 기술적으로도 아직은 개선할 부분이 많이 남아 있으며, 실명인증이 어려운 탓에 제도상으로도 2022년 3월부터 시행된 '특정금융거래정보법(이른바 특금법)' 상의 '고객확인(KYC: Know Your Customer)' 및 '자금세탁방지(AML: Anti Money Laundering)', '트래블룰(Travel rule: 자금이동규칙)' 등의 규정에 저촉됩니다. 하지만 사토시 나카모토의 철학을 좇는 이들이 등장하는 한 다양한 탈중앙화 기술의 등장은 계속될 것입니다.

 김승주 교수의 NFT 꿀팁

트래블룰을 시행하는 국가에선 중앙화된 가상자산 거래소를 통해 투자자들의 신원과 가상자산 거래 이력이 수집·관리됩니다. 사실 블록체인이란 것이 본디 '중앙화된 권력기관의 통제를 받지 않겠다'는 철학을 기반으로 하는 만큼, 일부 가상자산 연구자들은 트래블룰에 반감을 갖기도 합니다.

NFT

이더스캔이란 무엇이며
어떻게 작동하나요?

이더스캔(Etherscan)은 인터넷 검색 엔진처럼 이더리움 블록체인상의 모든 공개 데이터를 검색하는 데 가장 널리 사용되는 도구로, 때때로 이더플로러(Ethplorer)라고도 불립니다. 사용자가 이더스캔의 검색창에 전자지갑 주소를 입력하면 해당 지갑의 현재 잔액과 거래(transaction) 내역, 해당 주소와 관련된 모든 가스 요금 및 스마트 콘트랙트 내용을 들여다볼 수 있으며, 그 외에 다음과 같은 정보들 또한 검색할 수 있습니다.

- 이더스캔 가스 추적기(Etherscan gas tracker)를 통한 이더리움 가스 요금(Ethereum gas fees)을 계산
- 스마트 콘트랙트 소스코드의 조회 및 확인

이더스캔 홈페이지

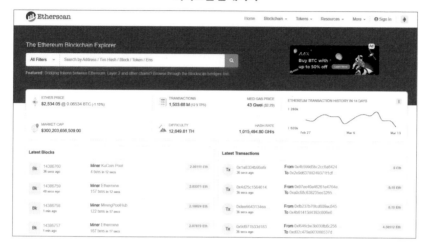

- 공개 전자지갑 주소에 보관되거나 연결된 암호자산(crypto assets)을 조회
- 송금자 및 수취인의 전자지갑 주소, 보낸 금액, 총 거래 수수료 등 이 더리움 블록체인에서 발생하고 있는 모든 실시간 거래 내역을 관찰
- 특정 거래가 발생한 모든 이더리움 전자지갑들을 추적
- 보안 감사 및 검증이 완료된 스마트 콘트랙트를 조회
- 얼마나 많은 스마트 콘트랙트가 사용자의 전자지갑을 통해 승인되었 는지 추적
- 댑(DApp) 전자지갑의 액세스 내역을 검토 및 취소

단, 이더스캔은 이더리움 블록체인상에 공개되어 있는 정보만 조회할 수 있을 뿐 사용자의 개인키(private key)와 같은 정보는 검색할 수 없으며, 사

용자의 개인키를 저장하지도 않습니다. 또한 이더스캔의 일반적인 기능들을 이용하는 데 굳이 사용자 계정을 등록할 필요는 없습니다만, 계정을 등록할 경우 알림 기능 및 API 서비스 등을 추가로 사용할 수 있습니다.

이더스캔의 사용법을 좀 더 자세히 알아보도록 하겠습니다. 이더스캔 홈페이지(Etherscan.io)의 검색창에 이더리움 전자지갑 주소를 입력하고 '검색(search)'을 클릭하면 해당 지갑의 이더리움(ETH) 잔액, 미국 달러(USD)로 환산된 가치, 지갑과 관련된 모든 거래 내역들의 요약 정보가 표시됩니다. 여기서 각 개별 거래의 해시 값(Txn Hash)을 클릭하면 해당 거래와 관련된 모든 세부 정보(성공/보류/실패 등을 나타내는 현재 상태, 거래가 기록되어 있는 블록의 번호, 타임스탬프, 송금자 및 수취인의 전자지갑 주소와 총 거래 수수료 등)를 볼 수 있는 새로운 창이 또다시 열립니다.

이렇듯 이더스캔은 이더리움 블록체인 데이터를 검색·추적하기 위한 최고의 도구 중 하나입니다. 이더스캔을 이용하면 스마트 콘트랙트 코드를 검토하고, 가스 가격을 추적하며, 실시간으로 이더리움 블록체인을 모니터링할 수 있습니다. 이더스캔은 블록체인과 전자지갑, 스마트 콘트랙트에 대해 좀 더 깊이 있는 공부를 하고자 하는 분들께 좋은 출발점이 될 수 있을 것입니다.

 김승주 교수의 NFT 꿀팁

이더스캔과 유사한 기능을 제공하는 프로그램으로는 'Blockchain-Bitcoin Block Explorer', 'Blockchair', 'OKLink', 'BscScan', 'Ethplorer', 'Big Dipper', 'PolygonScan', 'Solanascan' 등이 있습니다.

NFT는 이미 온라인을 넘어 오프라인 상품들과도 다양한 형태로 결합하며 우리 삶 전반으로 스며들고 있습니다. 명품 패션업체들은 명품의 희소가치를 더하고 ESG 경영을 실현하는 데 NFT를 활용하고 있으며, 부동산 업체들은 NFT를 이용해 다양한 형태의 프롭테크를 실험하고 있습니다. 게임과 메타버스도 예외는 아닙니다. 일찍이 유튜브의 파괴력을 경험한 업체들은 가상 세계에서의 프로슈머 경제 생태계를 구축하는 데 NFT를 사용하고 있으며, 요식업 또한 NFT 도입에 적극적입니다. 이렇듯 인터넷상에서 생산되고 공유되는 데이터들의 소유권을 분명하게 함으로써, 이용자들의 능동적인 참여를 더더욱 촉진하고 인터넷의 소유권을 분산시킬 수 있게 해주는 NFT는 웹 3.0시대를 앞당기는 촉매제 역할을 할 것입니다.

5장

NFT로 이런 것까지 가능하다, NFT혁명

NFT
질문 TOP
35
NFT의 종류에는
어떤 것들이 있나요?

보통 NFT 작품들은 다음과 같이 아트(Art), 컬렉터블 자산(Collectible Asset), 게임(Games), 메타버스(Metaverse), 유틸리티 및 기타(Utility and Other) 등의 6가지 범주로 분류할 수 있습니다.

- 아트: 이미지, 비디오, GIF 등의 디지털 미술품
  (예) 크립토키티(CryptoKitties), 슈퍼레어(SuperRare) 등
- 컬렉터블 자산: 스포츠카드 등 수집가들이 관심을 갖는 아이템
  (예) NBA 톱샷(NBA Top Shot) 등
- 게임: 게임 내에서 사용되는 각종 캐릭터 및 게임 아이템
  (예) 엑시(Axie) 등

디지털아트 NFT를 취급하는 슈퍼레어

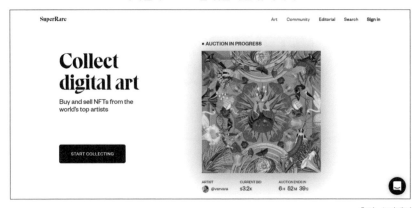

- 메타버스: 메타버스 내의 가상 부동산 및 아바타가 착용하는 각종 디지
  털 아이템
  (예) 디센트럴랜드(Decentraland), 더 샌드박스(The Sandbox), 크립토
  복셀(Cryptovoxels) 등
- 유틸리티: 멤버십, 이벤트 참석 등 특별한 기능을 가진 아이템
- 기타: 어디에도 속하지 않는 나머지 컬렉션

2021년 10월 《네이처(Nature)》에 발표된 「NFT 혁신 매핑: 시장 동향, 무역 네트워크 및 시각적 특징(Mapping the NFT Revolution: Market Trends, Trade Networks, and Visual Features)」이란 논문에 따르면 2018년 말 NFT 시장은 아트 분야, 특히 크립토키티(CryptoKitties) 컬렉션에 의해 완전히 지배되었다고 합니다. 그랬던 것이 2019년 1월부터 2020년 7월까지는 NFT 시장의 총 거래 금액 중 90%를 아트(18%), 게임(33%), 메타버스(39%) 분야

가 차지했습니다.

2020년 7월 중순부터는 아트로 분류된 NFT 거래가 전체 거래 금액의 71%로 시장을 주도했으며, 그 뒤를 이어 컬렉터블 자산(Collectible Asset)이 12%를 차지했습니다.

흥미로운 것은 2020년 7월 이후 가장 많은 거래 횟수를 기록한 NFT는 게임(44%) 및 컬렉터블(38%) 분야였으며, 예술로 분류된 NFT의 거래 횟수는 10%에 불과했다는 사실입니다. 이는 예술로 분류된 NFT의 가격이 다른 분야에 비해 평균적으로 높음을 보여줍니다.[45]

 김승주 교수의 NFT 꿀팁

영국의 작가 데미언 허스트(Damien Hirst)는 자신의 트레이드마크인 형형색색의 도트 이미지 1만 장을 제작한 후에 이를 구입하는 구매자에게 선택권을 부여했습니다. NFT를 선택할 것인가 아니면 실물 작품을 선택할 것인가? 1년의 유예기간을 부여하고, 1년이 지난 특정일에 NFT 형태로 소유하겠다는 의사를 밝힌 작품들은 실물을 전부 소각하겠다고 한 것입니다. 반대로 실물을 소유하겠다고 하면 해당 NFT는 사라집니다. 이를 '하이브리드 NFT(hybrid NFT)'라고 합니다.

NFT
질문 TOP 36
왜 명품업체들이 NFT 사업에 뛰어들고 있나요?

마이크로소프트(Microsoft)와 컨센시스(ConsenSys)가 공동으로 개발한 아우라(Aura) 블록체인은 명품 브랜드의 진품 인증을 위해 만들어졌습니다. 현재 불가리(Bvlgari), 까르띠에(Cartier), 위블로(Hublot), 루이비통(Louis Vuitton), 크리스찬 디올(Christian Dior), 프라다(Prada) 등이 아우라 블록체인을 사용 중이며, 다른 명품 브랜드들도 참여를 고려하고 있습니다. 참여 기업은 연간 라이선스 비용과 거래량에 따른 수수료를 지불하게 됩니다.

명품 업체들은 가짜 제품에 매우 민감합니다. 이에 과거 명품 브랜드들은 종이로 된 품질보증서를 발행해왔습니다. 그러나 최근에는 아우라 블록체인 컨소시엄의 사례와 같이 이를 NFT로 대체하고 있습니다. 왜 그럴까요?

아우라 블록체인 컨소시엄 홈페이지

품질보증서를 NFT로 대신할 경우, 이 NFT에는 제품의 고유 식별번호, 사용 재료, 어떤 공장에서 어떻게 만들어졌으며 어느 숍에서 언제 누구에게 팔렸는지 등에 대한 정보가 기록됩니다. 실제 제품에는 제품의 식별번호가 담긴 RFID나 QR코드를 내장함으로써 누구나 손쉽게 스마트폰으로 언제 어디서든 정품 여부를 확인할 수 있습니다.

블록체인에 저장되어 있기 때문에 종이 품질보증서와는 달리 분실이나 훼손의 우려가 없습니다. 이뿐만이 아닙니다. 등기권리증에 매매 이력이 남듯 명품 NFT에도 누가 누구에게 언제 팔았고 그 사람은 또 다른 누구에게 언제 양도했는지에 대한 이력 정보를 남김으로써 중고 시장에서 가짜 제품이 유통되는 것을 방지할 수 있습니다. 또한 자선행사에서 연예인들이 자신의 명품을 기증할 경우 이 기록을 NFT에 남겨 신품보다 비싼 중고품을 탄생시키는 것도 가능합니다.

스위스의 고급 시계 제조업체인 브라이틀링 또한 정품 인증을 위한 아리아니(Arianee) 블록체인 기반의 NFT를 만들었으며, 일본의 대표적인 자동차 제조사인 토요타는 중고차 거래 시장에서 허위매물을 방지하기 위해 NFT를 활용하는 방안을 연구중입니다. 이때 각 차량의 NFT에는 차량정보, 교통법규 위반 사항, 제조 이력 등이 표시되게 됩니다.

의류업계도 예외는 아닙니다. IBM이 실시한 유럽 소비자 대상 설문에서 응답자의 75%는 "패션업계 관련 폐기물이 많은 것에 대해 우려한다"고 답했으며, 64%는 "첨단기술로 지속가능성을 입증할 수 있는 의류를 구매할 가능성이 더 높다"고 말했습니다. 여기서 '지속가능성(sustainability)'이란 자연 환경의 파괴 없이 지속될 수 있음을 뜻하는 것으로, 제품이 만들어져서 유통되고 수명을 다해 폐기될 때까지 전 과정에서 환경을 해치면 안 된다는 것을 의미합니다.

이에 2020년 11월 IBM과 유니폼 및 작업복을 제조하는 섬유 회사인 카야앤카토(KAYA&KATO)는 독일 연방 경제부의 지원을 받아 패션 산업을 위한 블록체인을 개발한다고 발표했습니다. 블록체인과 NFT를 활용해 의류 공급망 정보를 사후 수정할 수 없는 형태로 기록하고 이를 추적할 수 있게 함으로써 공급업체와 소비자들이 원재료·원산지·가공시설 등 각 생산 및 유통단계 정보를 투명하게 공유할 수 있도록 하고, 이를 통해 구매 상품이 환경에 악영향을 미치는지 여부를 확인할 수 있도록 하겠다는 것입니다.

백화점들 또한 바쁘게 움직이고 있는데, 지난 2022년 1월 영국의 명품 백화점 그룹인 셀프리지(Selfridges)는 예술가 빅터 바사렐리(Fondation Vasarely)의 희귀한 예술 작품 및 패션 하우스 파코 라반(Paco Rabanne)이 만든 12벌의 가상 드레스(virtual dress, 'Unwearables'이라 명명됨)를 NFT로 판매한다고 발표해 주목을 받았으며, 지난 2022년 3월 17일에는 국내의 신

세계백화점 또한 자사 모바일 애플리케이션에 디지털아트 갤러리를 열고 업계 최초로 NFT 미술품 모바일 경매에 나선다고 밝혔습니다.

이상에서 살펴본 바와 같이 이제 NFT는 디지털 세계의 물건뿐만 아니라 실세계에서 만든 다양한 상품들과도 접목을 시도하고 있으며, 기존에는 불가능했던 여러 사업 기회들을 새로이 만들어내고 있습니다. 그 한계가 어디까지일지 궁금할 정도로 다양해지고 있는 NFT의 응용을 지켜보는 재미가 있습니다.

 김승주 교수의 NFT 꿀팁

글로벌 컨설팅 회사 베인앤컴퍼니(Bain&Company)의 '글로벌 럭셔리 시장 리포트'에 따르면 2025년 럭셔리 시장 매출의 70%가 MZ세대에서 나올 것으로 관측된다고 합니다. 글로벌 유명 명품 업체들까지 NFT 시장에 줄줄이 뛰어들고 있는 것은 미래 소비 주축이 될 MZ세대를 선점하려는 전략으로도 해석됩니다.

NFT로 집도 사고판다는데
그게 사실인가요?

'프롭테크(proptech)'라는 신조어가 있습니다. 부동산을 뜻하는 '프로퍼티(property)'에 기술을 의미하는 '테크놀로지(technology)'를 더한 합성어로, 좀 더 정확히 말하면 블록체인 및 NFT, 인공지능(AI), 빅데이터 등 첨단 IT기술을 결합한 부동산 서비스를 말합니다.[46]

실제로 지난 2021년 5월 북미 최대의 온라인 미디어 회사인 테크크런치(TechCrunch)와 XRP캐피탈(XRP Capital)의 창업자인 마이클 애링턴(Michael Arrington)은 우크라이나 수도 키이우 소재의 한 아파트를 NFT 경매를 통해 매도하겠다고 발표했습니다. 그는 2017년에 이 아파트를 이더리움과 스마트 콘트랙트를 이용해 매입했었습니다.

프롭테크를 이용하면 부동산 조각 투자도 쉬워집니다. '조각 투자'란 투

NFT를 통해 거래된 마이클 애링턴의 키이우 소재 아파트

자 가치가 높지만 가격이 비싸 엄두를 내지 못했던 투자 상품을 여러 명이 비율을 쪼개서 공동으로 투자하는 방식을 일컫습니다. 매각 시에는 지분율만큼 수익을 나눠 갖게 됩니다. 사실 조각 투자 자체는 새로운 기법이 아니며 기존에도 리츠(REITs: Real Estate Investment Trusts, 부동산 투자신탁)라든가 P2P펀딩 등의 조각 투자가 존재했습니다.

다만 최근에는 NFT 기술에 기반한 조각 투자 플랫폼들이 속속 등장하고 있다는 것이 특징입니다. 동작 원리는 간단합니다.

예를 들어 전 세계에 단 40대만 존재하는 100억짜리 슈퍼카가 있다고 가정해보겠습니다. 조각 투자 서비스를 제공하려는 업체에서 이 슈퍼카를 구매합니다. 해당 업체는 자신이 구매한 이 슈퍼카에 대해 1만 개의 NFT를 발행한 후, 이를 개당 100만 원에 판매합니다. 이때 스포츠카를 구매한 업체가 NFT 중 일정량을 보유할 수도 있습니다. 이제 1개의 NFT를 구매한 사람은 이 슈퍼카에 대해 1/10,000만큼의 소유권을 갖게 됩니다.

1만분의 1의 소유권으로 어떻게 수익을 낼 수 있을까요? 우선 단순히 내가 가진 NFT를 가상자산 거래소를 통해 타인에게 되팔 수 있습니다. 두 번째는 렌털(rental)입니다. 슈퍼카를 영화나 드라마 촬영 시 대여해준다거나 개인에게 렌터카로 제공한 후, 거기서 발생한 수익을 NFT 소유자에게 나눠줍니다. 세 번째는 매각입니다. 슈퍼카를 웃돈을 주고 되팔면서 거기서 발생한 차익을 NFT를 갖고 있는 비율에 따라 투자자들에게 나눠줍니다.

슈퍼카뿐만이 아닙니다. 미술품, 고가의 시계나 와인, 음악저작권, 심지어는 부동산까지도 가능합니다.

물론 이러한 NFT 기반의 조각 투자가 갖는 위험성도 상존합니다. 앞서 언급한 리츠나 P2P펀딩의 경우 '온라인투자연계금융업 및 이용자 보호에 관한 법률(이른바 P2P법)' 등을 통해 법적 근거를 확보하고 있는 반면, NFT에 기반한 조각 투자 플랫폼의 경우에는 그 대상도 너무나 다양하고, NFT에 대한 법률상 정의 또한 현재 모호한 터라 법의 사각지대에 놓여 있는 실정입니다. 정부의 현명한 대책 마련이 시급한 실정입니다.

 김승주 교수의 NFT 꿀팁

2022년 4월 20일, 금융위원회 산하 증권선물위원회가 뮤직카우(Musiccow)의 '음악 저작권료 참여 청구권'이 증권 중 하나인 '투자계약증권'에 해당된다고 판단했습니다. 즉 뮤직카우의 상품이 자본시장법상 규제 대상에 포함된다는 의미입니다. 때문에 많은 전문가들은 "금융당국이 NFT 또한 증권성을 띄는 가상자산으로 보고 규제할 가능성이 높아졌다"며 우려하고 있습니다.

NFT 질문 TOP 38

NFT와 메타버스는 무슨 상관관계가 있나요?

최근 글로벌시장에서 3차원 가상 세계인 메타버스[metaverse, 초월 (beyond)이라는 뜻의 '메타(meta)'와 우주를 뜻하는 '유니버스(universe)'의 합성어] 가 화두로 떠오르고 있습니다. 우리나라 역시 MZ세대('밀레니엄+Z세대'의 합성어로 1981~2010년대 출생자)가 소비의 중심으로 부상하면서 최근 메타버스 도입이 속속 이뤄지고 있는 모습입니다.

사실 우리는 이미 메타버스를 사용해오고 있었습니다. 싸이월드와 포켓몬고, 구글어스도 메타버스로 분류되기 때문입니다.

우리가 일반적으로 알고 있는 메타버스는 현실과 유사하거나 혹은 완전히 다른 세계를 디지털로 구축한 후 사용자들이 자신과 닮은 아바타를 통해 현실 세계와 유사한 경제·사회 활동을 하게끔 하는 것으로, 세컨드 라

과거의 유명 메타버스인 싸이월드

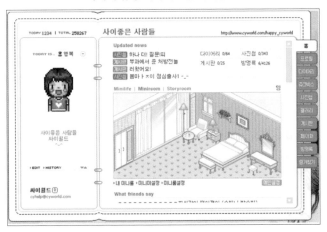

출처: The Korea Herald

이프(Second Life) 및 마인크래프트(Minecraft), 로블록스(Roblox), 제페토(Zepeto), 디센트럴랜드(Decentraland), 더샌드박스(The Sandbox) 등이 대표적입니다. 이를 가상 세계형 메타버스라고 합니다.

하지만 전문가들에 따르면 메타버스에는 가상 세계(Virtual Worlds)형 메타버스 외에도 증강현실(Augmented Reality)형, 일상기록(Lifelogging)형, 거울세계(Mirror Worlds)형 등이 더 있습니다. 여기서 증강현실형 메타버스란 포켓몬고와 같이 현실공간에 가상의 사물을 겹쳐 놓음으로써 만들어지는 혼합된 현실을 말합니다. 일상기록형 메타버스는 싸이월드(CyWorld)를 비롯해 트위터(Twitter), 페이스북(Facebook) 등이 대표적이며 개인이 생활하면서 보고 듣고 느낀 모든 것을 정리해 다른 사용자들과 공유하는 서비스를 말합니다. 거울세계형 메타버스는 위성 이미지를 3차원으로 재현해 실제 공간 정보를 제공하는 서비스인 구글어스(Google Earth)를 들 수 있습니다.

그러나 싸이월드와 같은 과거의 유명 메타버스와 제페토 같은 현재의 메타버스 사이에는 매우 중대한 차이가 있습니다. '이용자(user)가 단순 소비자(consumer)인가, 아니면 소비는 물론 제품 생산과 판매에도 식섭 관여하는 프로슈머(prosumer)인가'의 차이입니다.

싸이월드에서 이용자들은 단순히 회사가 만들어놓은 각종 아이템이나 배경음악을 사서 아바타를 꾸밉니다. 반면 제페토에서는 회사가 제공하는 제작 도구를 활용해 이용자들이 직접 아바타의 의상이나 각종 패션 아이템들을 만들고 이를 다른 이용자들에게 판매도 합니다. 이때 발생한 수익은 유튜버가 유튜브와 광고 수익을 나누는 것처럼 아이템 개발자와 제페토가 일정 비율로 배분하게 됩니다. 즉 제페토는 단순히 게임하고 체험하는 가상 세계를 넘어서 창작자들의 경제 활동이 가능한 가상의 온라인 세계를 제공하는 것입니다. 실제로 2021년 9월 기준으로 전 세계 이용자 수 2억 명을 확보하고 있는 제페토 내의 패션 아이템 디자이너는 70만 명이며, 이 중 유명디자이너 렌지(Lenge)의 경우에는 월 1,500만 원 이상을 벌어들이고 있다고 합니다.

일반 이용자들뿐만이 아닙니다. 전문 업체들 또한 속속 메타버스에 합류하고 있습니다. 아바타가 착용하는 구찌의 디오니소스 디지털 전용가방은 로블록스에서 실물 가방(3,400달러)보다 비싼 4,115달러(약 465만 원)에 팔렸으며, 2021년 11월 나이키는 로블록스에 자체 가상 세계인 나이키랜드를 구축하겠다는 계획을 발표하기도 했습니다.

그러나 여기서 문제가 하나 있습니다. 디지털의 속성상 메타버스 내의 패션 아이템들은 현실 세계의 상품들에 비해 복제가 매우 쉽다는 것입니다. 이를 방치할 경우 메타버스 내의 프로슈머 경제 생태계는 붕괴될 것이고,

렌지가 국내 편의점 프랜차이즈 사업자와 손을 잡고 출시한 독점 패션 아이템

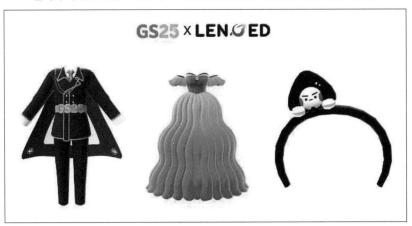

출처: GS리테일

종국에 이용자들은 해당 플랫폼을 떠나게 될 것입니다.

이러한 문제를 해결하는 데 NFT가 매우 요긴하게 쓰일 수 있습니다. 등기권리증 역할을 하는 NFT를 메타버스 내의 패션 아이템들에 접목함으로써 이용자들이 진품·복제품 여부를 쉽게 판별할 수 있도록 하는 것입니다. 그런데 지금 이 책을 읽고 계신 독자분들 중에는 "유튜브의 경우 NFT를 사용하지 않고도 불법복제 영상물들을 찾아내 단속하는데, 왜 굳이 메타버스만 NFT를 써야 하는가?"라며 반문하는 분들도 있으실 겁니다.

네, 맞습니다. NFT를 사용하지 않고도 복제 아이템들을 단속할 수 있습니다. 그러나 전문가들은 미래에 메타버스는 단 하나만 존재하는 것이 아니라 여러 개의 대형 메타버스가 동시에 공존할 것이며, 이용자들은 마치 해외 여행하듯 여러 메타버스들을 자유로이 넘나들게 될 것으로 보고 있습니다. 이 경우 아바타의 각종 아이템들 또한 환전하듯 다른 세계로 가져가야

하는데, 이때 중립지대의 아이템 저장 인프라로 블록체인 및 NFT가 활용될 수 있습니다.

메타버스가 우리의 삶을 바꿀 꿈의 신기술인지, 아니면 투기꾼들이 주가 거품을 만들기 위해 동원한 신기루인지에 대해서는 의견이 분분합니다. 로 블록스에서 제공하고 있는 게임들이나 제페토에서 제공하는 여러 패션 아이템들이 유치하고 조잡하다는 의견도 있습니다. 하지만 유튜브의 동영상들 또한 초기에는 조잡하고 유치했습니다. 그러던 것이 현재의 유튜브는 정규 방송과 견줄 정도로 발전했으며, 그 근원에는 공고한 프로슈머 생태계가 있습니다. 바로 이것이 제가 메타버스와 NFT의 미래에 대해 확신하고 있는 이유이기도 합니다.

 김승주 교수의 NFT 꿀팁

오큘러스(Oculus)의 창업자인 팔머 럭키(Palmer Luckey)는 한 온라인 이벤트에서 "소드 아트 온라인(Sword Art Online)의 '풀다이브' 기술은 앞으로 충분히 실현할 수 있다"고 말한 적이 있습니다. 메타버스의 미래를 보고자 하시는 분들께 일본의 라이트 노벨이자 애니메이션으로도 발매된 '소드 아트 온라인'을 적극 추천합니다.

NFT↗

질문 TOP
39

NFT와 가상 부동산은
무슨 상관관계가 있나요?

마인크래프트(Minecraft)란 게임에 대해 누구나 한 번쯤은 들어보셨을 겁니다. 마인크래프트는 스웨덴 사람인 마르쿠스 페르손(Markus Persson)이 개발하고 그의 회사인 모장 스튜디오(Mojang Studios)에서 판매하고 있는 게임입니다.

마인크래프트는 2019년에 누적 판매량이 무려 1억 7,600만 장을 기록하며 테트리스를 제치고 단일 게임 역대 최다 판매량을 달성한 바 있으며, 2020년 5월에는 누적 판매량 2억 장을 넘겨 새로운 기록을 세웠습니다. 당시 월 평균 활성 이용자 수(MAU: Monthly Active Users)만 1억 2,600만 명에 달했다고 합니다.

왜 사람들은 왜 이토록 마인크래프트란 게임에 대해 열광하는 것일까

190

요? 그 이유에 대해 알아보도록 하죠.

가장 큰 이유는 나만의 세상을 온라인상에 만들 수 있기 때문입니다. 게임을 시작하면 주인공은 끝을 알 수 없는 넓은 공간에 서게 됩니다. 주인공은 이곳저곳을 자유롭게 돌아다니며 땅을 파고 나무를 베기도 하며, 가지각색의 블록을 이리저리 쌓아서 구조물을 만들기도 합니다. 마치 레고블록처럼 말이죠.

이 게임에서는 블록들을 자신이 원하는 대로 조립할 수 있기 때문에 사용자는 자신이 상상하는 모든 것들을 자유자재로 표현할 수 있습니다. 게임 내에선 규모나 블록 수에 전혀 제한이 없고 원하는 블록을 직접 제작하기도 하며 세상의 물리법칙도 어느 정도 무시할 수 있기 때문에 그 창작의 범위는 더욱 넓어집니다.

멀티유저모드를 통해 친구들과 온라인 세계를 함께 만들어나가면 그 재

마인크래프트를 이용해 만든 청와대

출처: 청와대 공식 유튜브 캡처

미는 더욱더 깊어집니다. 그래서 사람들은 마인크래프트를 '사회적인 레고' 라고도 부릅니다.

그런데 말입니다, 만일 이렇게 지은 건축물이나 놀이 시설들을 개인 간에 마음대로 사고팔수 있게 된다면 어떻게 될까요? 이를 실현한 것이 디센트럴랜드(Decentraland)와 더샌드박스(The Sandbox), 크립토복셀(Cryptovoxels), 솜니움스페이스(Somnium Space) 등입니다. 이들 게임의 경우 이용자는 먼저 마켓 플레이스를 통해 암호화폐로 '가상 토지'를 구매하고, 그 위에 자신의 건물을 짓고 자신이 원하는 용도로 공간을 마련할 수 있습니다.

이때 NFT는 토지나 건물에 대한 등기권리증의 역할을 합니다. 아티스트들의 작품을 전시하는 갤러리나 관광지, 아바타의 아이템을 파는 상점도 만들 수 있으며 영화를 보는 곳, 음악을 듣는 곳도 가능합니다. 이런 영화나 음

샌드박스에 만들어진 미국 유명 드라마 '워킹 데드' 관광지

악 콘텐츠를 오픈씨(OpenSea)나 니프티 게이트웨이(Nifty Gateway)와 같은 NFT 마켓 플레이스와 연동해 사고파는 것도 가능합니다. 이렇듯 가상 토지를 소유한 사람들은 해당 토지를 그들이 원하는 어떤 모양으로든 재건할 수 있으며, 이후에 이를 임대하거나 재판매할 수 있습니다. 경제 활동이 이뤄지는 진짜 세계인 셈입니다.

2022년 2월 1일(현지시간), 메타버스 데이터 제공업체 메타메트릭솔루션스(MetaMetric Solutions)에 따르면 501개의 주요 메타버스 플랫폼의 부동산 판매는 2021년에 85억 1만 달러에 도달했다고 합니다. 이 중에서 더샌드박스, 디센트럴랜드, 크립토복셀, 솜니움스페이스 등 4대 플랫폼의 가상 부동산 판매액은 5억 1천만 달러입니다. 더샌드박스에선 미국 래퍼 스눕 독(Snoop Dogg)이 개발을 추진 중인 지역에 추가로 웃돈이 붙어 거래되고 있기도 합니다.

물론 가상 부동산 투자에 대한 경고의 목소리가 높아지고 있는 것도 사실입니다. 컴퓨터 코딩으로 얼마든지 만들 수 있기 때문에 가상 부동산은 희소성이 없다는 것입니다. 그러나 기존의 마인크래프트에서는 이용자가 단순히 게임 소비자(consumer)일 뿐이지만 디센트럴랜드나 더샌드박스, 크립토복셀, 솜니움스페이스 등에서는 이용자가 토지를 개발해서 파는 생산자(producer) 역할도 하기 때문에 프로슈머(prosumer)가 됩니다. 마치 이용자가 유튜버가 될 수도 있고 단순 시청자가 될 수도 있는 유튜브 같이 말입니다. 그러므로 가상 부동산과 같은 메타버스 플랫폼에서는 프로슈머 경제 생태계를 공고히 유지해주는 것이 중요합니다. 바로 이러한 점 때문에 성공한 가상 부동산 플랫폼에서는 '희소성 유지 전략'이야말로 사업 성공의 핵심 요소입니다.

실제로 디센트럴랜드에서는 2가지의 토큰을 사용하는데, 하나는 NFT인 랜드(LAND) 토큰, 또 다른 하나는 ERC-20 기반으로 발행된 마나(MANA) 토큰입니다. 디센트럴랜드에는 총 9만 개의 고정적인 토지 블록, 즉 랜드(LAND)가 존재하는데 이렇듯 고유한 랜드를 구매하기 위해선 마나가 필요합니다. 그리고 만약 이용자가 마나를 랜드로 교환할 때, 교환된 모든 마나는 연소 폐기됩니다. 이로써 마나의 공급이 점차 줄어들게 되고 희소성이 커져 가격 상승을 일으키게 되는 구조입니다.

더샌드박스도 디센트럴랜드와 비슷하게 한정된 수의 랜드 블록을 공급하며, 이용자들은 샌드(SAND) 토큰으로 부동산을 구매할 수 있습니다. 대부분의 이러한 게임들은 땅에 희소성을 부여하기 위해 가상 부동산의 판매량을 한정하고 있습니다.

또 혹자는 "어떤 회사에서 원하는 가상 부동산(예를 들면 압구정동 땅)을 구입하지 못했다면 다른 회사에서 똑같은 부동산을 사면 될 것 아니냐"고 반문하실 수도 있습니다. 하지만 국내 인터넷동영상서비스(OTT: Over The Top) 사업자들이 이 시장에 먼저 뛰어든 글로벌 OTT 사업자인 넷플릭스나 유튜브 등을 따라잡는 게 결코 쉽지 않듯, 가상 부동산에서도 이 시장에 조기 진출한 업체들을 중심으로 한 빈익빈 부익부 현상은 앞으로도 더욱 심화될 것입니다.

지금은 가상의 토지 위에 지어진 건축물들의 모습이 아이들 장난같이 보일 수도 있겠으나 컴퓨터 그래픽 및 AR/VR 기술이 발전함에 따라 가상의 부동산들은 점점 더 현실과 구별하기 어려워질 것입니다. 마치 유튜브의 동영상들이 처음에는 조잡했으나 지금은 공중파와도 겨룰 만한 고퀄리티를 갖게 된 것처럼 말입니다.

2005년 2월 첫발을 내디딘 유튜브는 불과 1년여 만에 동영상 UCC(User-Created Content, 사용자 제작 콘텐츠) 열풍을 주도하면서 실리콘밸리의 신흥 강자로 자리매김했으며, '검색 제왕'으로 군림하던 구글은 이런 신생기업 유튜브를 2006년 10월 9일 16억 5천만 달러에 인수했습니다. 당시 유튜브는 명확한 수익 모델이 존재하지 않아 구글에게 엄청난 비판이 쏟아지기도 했는데요. 실제로 인수 4년 차인 2009년에는 4억 7천만 달러의 적자를 기록하기도 했습니다.

이렇게 구글의 애물단지였던 유튜브는 미디어의 무게 중심이 동영상으로 변하고 스마트폰 시대가 본격화되면서 구글의 효자로 탈바꿈합니다. 구글이 공식 발표한 유튜브의 2019년 광고 매출은 151억 5천만 달러로 이는 한화 약 19조 1,344억 5천만 원에 이르는 금액이며, 2018년 대비 36%나 증가한 것입니다.

이제 프로듀서나 컨슈머의 시대에서 프로슈머가 정점을 이루는 시대로 치닫고 있습니다. 내 집 마련이 날이 갈수록 어려운 현실에서 적당한 가격의 목 좋은 가상의 부동산을 선점해 보시는 것은 어떨까요?

 김승주 교수의 NFT 꿀팁

이수만 SM 총괄 프로듀서는 팬덤을 프로슈머로 정의하며 "더 많은 프로슈머가 다양한 플랫폼에서 그들이 가공한 콘텐츠를 자유롭게 공유하는 생태계가 조성될 수 있도록 'SM 컬처 유니버스'를 공고히 설계하고 있다"고 밝힌 바 있습니다. 공고한 프로슈머 경제 생태계의 조성은 메타버스에서도 매우 중요한 요소가 될 것입니다.

NFT

게임업체들이 말하는 P2E와 S2E는 무엇인가요?

NFT가 이제는 게임으로까지 확대되면서 P2E 게임 시장이 요새 뜨거운 감자로 부상했습니다. P2E란 Play to Earn의 약자로 '게임을 하면서 돈을 번다'는 의미입니다.

대표적인 P2E 게임으로는 베트남 기업인 스카이 마비스(Sky Mavis)가 2018년 개발한 이더리움 기반의 NFT 게임인 엑시 인피니티(Axie Infinity) 가 있습니다. 이 회사는 삼성전자의 투자 자회사인 삼성넥스트(Samsung NEXT)로부터 1,800억 원 규모의 투자를 받아 화제가 된 곳이기도 합니다. 엑시 인피니티는 게임 안에서 캐릭터를 교배해 새로운 게임 캐릭터가 나 오면 이것에 NFT 기술을 적용해 고유 식별 값을 부여합니다. 이렇게 NFT 가 부여된 캐릭터들은 이용자들이 소유권을 주장할 수 있고, 이를 시장에서 암호화폐 AXS로 거래할 수도 있습니다. 엑시 인피니티의 경우 싼 것은 1~2AXS 정도지만 비싼 것은 한때 한화로 1천만 원까지 가기도 했습니다. 또한 게임 내 미션을 완료하게 되면 SLP라는 코인도 추가로 제공됩니다. 즉 게임을 하면서 얻은 캐릭터를 시장에 내다 팔든지, 아니면 하루 최대 125개가 제공되는 SLP 코인을 거래소에서 되팔든지 해서 이용자가 수익을 창출할 수 있도록 한 것입니다.

대표적인 P2E 게임인 엑시 인피니티

현재 국내에서는 위메이드(Wemade)를 필두로 넷마블(Netmarble)과 카카오게임즈(Kakao Games), 컴투스(Com2uS) 등 주요 게임사들이 잇따라 P2E 시장에 진출하고 있습니다.

S2E란 것도 있습니다. S2E(Service to Earn)는 게임에서 서비스로 적용 범위를 넓힌 개념으로, 게임을 하면서 돈을 버는 게 P2E라면 배달·의료 등의 서비스를 이용하면서 보상으로 토큰(코인)을 받는 것이 S2E입니다. 식

당에서 서비스 쿠폰을 주는 것을 연상하시면 됩니다. 이외에 L2E(Listen to Earn)란 것도 있는데, 이는 음악을 듣고 보상을 받는 것을 말합니다.

기존 게임은 흥행하면 할수록 개발사만 성장의 열매를 얻었지만, 게임 아이템에 대한 소유권을 게임사가 아닌 유저에게 돌려준다는 콘셉트를 갖고 있는 P2E는 사용자와 함께 권한과 이익을 나누는 구조라는 점에서 '게임의 미래'로 평가받기도 합니다. 그러나 곱지 않은 시선 또한 많은 것이 사실입니다.

우선 '게임산업진흥에 관한 법률(게임법)'에서 게임의 사행성, 그중에서도 환금성을 금지하고 있습니다. '바다이야기' 사태 이후 제정된 게임법 제32조 제1항 제7호에서는 '누구든지 게임물의 이용을 통하여 획득한 유·무형의 결과물을 환전 또는 환전 알선하거나 재매입을 업으로 하는 행위를 금지'하고 있습니다. 또한 같은 법 제28조 제3항은 '게임을 통해 경품 등을 제공하는 행위를 사행성 조장으로 보고 금지'하고 있습니다. 이러한 게임법으로 인해 국내 게임사가 만든 P2E 게임인 미르4 글로벌 등의 경우 해외에서만 서비스되고 있는 실정입니다.

둘째로 P2E 시스템은 작업장을 더욱 증가시키는 요인이 될 것이라는 지적도 있습니다. 작업장이란 수십~수백 개에 이르는 컴퓨터를 이용해 게임 내 아이템을 집중 수집한 후 이를 되팔아 불법 이득을 챙기는 곳을 말합니다. 작업장을 통해 풀리는 아이템들은 게임 내 경제 체제를 망가뜨리고 유저들의 흥미를 떨어뜨리는 만큼 현재 많은 게임업체들이 이를 강력하게 제재하고 있습니다. 그런데 P2E는 이러한 작업장들의 확산을 부추길 위험이 있습니다.

셋째로 질 낮은 재미없는 게임들이 P2E 껍데기만 쓰고 쏟아지면 게임 생태계 전체의 퀄리티가 떨어지는 현상이 생길 수 있다는 우려도 많습니다. 아직까지 국내에서는 P2E 게임을 찾는 사람들이 생각보다 많지 않습니다. 많은 이유가 있겠지만 이용자들은 '게임이 재미없다'는 반응을 보이고 있는데요, 아무리 돈을 벌 수 있다고 해도 재미가 없다면 지속적으로 이를 찾는 사람들은 없을 것입니다.

신기술 진흥이 우선일지, 아니면 사행성 금지가 우선일지 정책입안자들의 신중한 접근이 필요한 시점입니다.

 김승주 교수의 NFT 꿀팁

NFT 전문 분석 사이트 '논펀저블닷컴(NonFungible.com)'은 블록체인 게임 시장이 향후 4년 내로 연간 10% 성장률을 기록할 것이며, 2026년 블록체인 게임 시장 규모는 250억 달러(약 31조 원)가 될 것이라고 추산한 바 있습니다. 2021년 기준으로 글로벌 게임 시장의 규모가 약 250조 원으로 추산되었으니, 블록체인 게임 시장이 전체 시장 규모의 10% 이상을 차지할 것이란 얘기입니다. 그러나 게임업체나 투자자 모두 'P2E 게임도 결국 재미가 있어야 한다'는 단순한 진리를 결코 잊어서는 안 될 것입니다.

NFT
질문 TOP
41
뉴욕에 처음 생긴
NFT 레스토랑은 무엇인가요?

2022년 1월 미국 기업가인 게리 베이너척(Gary Vaynerchuk)이 이끄는 VCR 그룹은 세계 최초의 NFT 레스토랑인 플라이피시 클럽(Flyfish Club)을 뉴욕에 오픈한다고 발표했습니다. 플라이피시 클럽은 회원 전용 레스토랑으로 NFT가 있는 회원들만 사용할 수 있습니다. 2,650개의 NFT는 일반 멤버십으로 발매되고 385개는 프리미엄 멤버십으로 발매될 예정인데, 미국의 경제 매거진 《포춘(Fortune)》에 따르면 이미 1,500개의 토큰이 판매되고 총 1,400만 달러가 모금되었다고 합니다.

플라이피시 클럽은 회원권을 NFT로 발행했을 때의 가장 큰 이점으로 '이전 가능성'을 꼽습니다. NFT 회원권은 보유자에게 자산이 될 수 있으며, 후에 2차 시장에서 다른 사람에게 자유로이 판매·양도·임대될 수 있습니다.

세계 최초의 NFT 레스토랑인 플라이피시 클럽

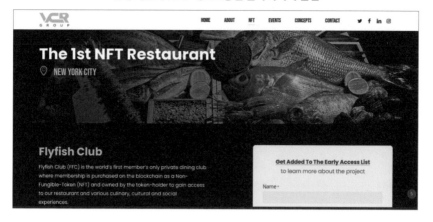

또한 매년마다 신청하는 수고를 하지 않아도 되며, 반복적으로 수수료를 낼 필요도 없습니다.

또 다른 사례도 있습니다. GourmetNFT(미식가NFT)는 일반 주부, 미식가, 요리사 또는 유명인의 미공개 요리법 및 희귀하거나 찾기 어려운 요리법을 검색·다운로드·수집할 수 있도록 해주는 최초의 온라인 전문 플랫폼 중 하나입니다. 사용자들이 자신만의 요리법을 사진 또는 동영상 등의 디지털 파일로 만들어서 GourmetNFT 시스템에 업로드하면, 시스템은 이에 대한 NFT를 생성한 후에 QR코드와 함께 다시 사용자에게 전송해줍니다.

이제 이 사용자는 전송받은 QR코드를 자신의 소셜미디어나 이메일, GourmetNFT 전용 웹사이트 등을 통해 홍보할 수 있으며, 다른 사람들이 이 QR코드를 통해 요리법을 다운로드하면 그때마다 정해진 사용료를 받게 됩니다. GourmetNFT를 이용하면 요리사들은 더 이상 요리책을 쓰고 출판하는 번거로움을 겪지 않아도 되며, 그러면서도 자신만의 요리법에 대한 로열티는 지속적으로 받을 수 있게 됩니다.

NFT로 기존의 장난감 경품을 대신할 수도 있습니다. 지난 2021년 9월 글로벌 패스트푸드 체인 버거킹은 새로운 대규모 NFT 캠페인을 시작했습니다. 'Keep It Real Meals'로 명명된 이 캠페인에서 버거킹은 Real Meal box QR코드가 담긴 600만 개의 도시락을 선보였습니다.

고객이 도시락의 QR코드를 스캔하면 NFT 조각들을 잠금 해제할 수 있습니다. 모든 NFT 조각들이 다 모이면 보너스 NFT를 추가로 잠금 해제할 수 있게 되는데, 이 보너스 NFT에는 '캠페인에 참여한 유명 연예인들 중 한 명과 전화통화하기'와 같은 흥미로운 기능들이 들어 있습니다.

과거 많은 글로벌 브랜드가 제품 품질 외에 유·무형의 가치를 고객에게

버거킹의 'Keep It Real Meals' 캠페인

출처: 버거킹

추가로 제공함으로써 충성도를 높였습니다. 명품 이미지도 그중 하나입니다. NFT도 최근 이와 비슷한 형태로 이용되는 추세입니다. NFT가 가져다줄 미래가 더욱 기대되는 이유입니다.

 김승주 교수의 NFT 꿀팁

현대차그룹의 광고대행사 이노션 월드 와이드는 지난 2022년 4월 20일 NFT 비즈니스를 본격 시작한다고 발표했습니다. 삼성 그룹의 광고대행사 제일기획 또한 지난 4월 21일 메타버스와 NFT 등 디지털 부문의 신사업 진출을 공식 선언했습니다. NFT는 이미 다양한 형태로 우리 삶 곳곳에 스며들고 있습니다.

NFT↗

NFT는 웹 3.0과 무슨 관계가 있나요?

웹 3.0이 화제입니다. 웹은 월드 와이드 웹(WWW: World Wide Web)의 줄임말로, 보통 웹의 등장부터 2004년까지를 웹 1.0 시대, 그 이후부터 현재까지를 웹 2.0 시대라고 합니다. 그리고 이러한 웹 2.0에 '인공지능' 및 '탈중앙화', '소유'의 개념을 접목한 것을 우리는 흔히 웹 3.0이라고 부릅니다.

웹은 CERN(유럽입자물리연구소)의 연구원이었던 팀 버너스-리(Tim Berners-Lee)에 의해 개발되었습니다. 그는 1989년 자신이 구상했던 월드 와이드 웹 개념을 도입해 최초로 웹페이지를 작성했습니다.[47]

CERN은 2차 세계대전이 끝난 후인 1953년 9월 유럽의 20개 국가가 미국의 기초 과학기술을 따라잡기 위해 만든 합동연구소였습니다. 그런 만큼 CERN에는 언제나 수십 개의 나라에서 온 수천 명의 과학자들로 북적거렸으며, 이들은 온갖 종류의 컴퓨터를 사용해 방대한 연구 성과들을 쏟아내고 있었습니다. 그런데 문제는 사용하는 프로그램과 데이터 양식이 제각각이어서 정보를 공유하는 것이 매우 어려웠다는 것입니다.

이렇게 대륙에 흩어져 있는 학자들의 연구 정보를 빠르고 간편하게 모으고 공유하기 위해 팀 버너스-리가 시작한 프로젝트가 바로 WWW입니다. 그는 산재해 있는 문서와 자료들을 효과적으로 연결하기 위해 공통의 표준 문서 양식인 '하이퍼텍스트(Hypertext)'와 '하이퍼링크(Hyperlink, 인터넷에 접속하면 보통 파란색으로 표시되고 밑줄이 쳐져 있는 것)'를 개발했으며, 이외에도 하이퍼텍스트 문서들을 주고받기 위한 통신 규약인 'HTTP(Hypertext Transfer Protocol)', 인터넷상에서 문서나 파일 등의 위치를 나타내는 표준 주소 형식인 'URL(Uniform Resource Locator)' 등을 만들어냈습니다. 이러한 것들을 통틀어 WWW이라고 합니다.

초기 WWW은 사용자가 일방적으로 정보를 받는 수동적인 것이었습니다. 인터넷 사용자들은 주로 서버에 저장되어 있는 뉴스나 논문 등의 자료를 검색하고 읽기 위해 인터넷을 이용했는데, 이를 웹 1.0 시대라고 합니다.

웹 2.0은 누구나 손쉽게 데이터를 생산하고 인터넷상에서 이를 능동적으로 공유할 수 있도록 한 사용자 참여·공유·개방 중심의 인터넷 환경을 일컫는 것으로 블로그, 인스타그램, 틱톡, 트위터, 유튜브 및 위키피디아(Wikipedia) 등의 수많은 서비스를 탄생시켰습니다. 그러나 이러한 서비스들은 동시에 거대 플랫폼 기업들을 등장시켰으며, 이는 곧 독과점의 폐해로 이어졌습니다.

웹 3.0은 바로 이러한 문제의식에서 등장한 것으로, 인터넷을 더욱 개

1998년에 시맨틱 웹을 제안한 팀 버너스-리

출처: 위키백과

방적이고 탈중앙적으로 만들자는 것입니다. 본래 웹 3.0은 '시맨틱 웹(Semantic Web)'을 의미하는 것이었습니다. 시맨틱 웹은 사용자에게 개인 맞춤형 정보를 제공할 수 있는 지능형 웹 기술을 의미하는 것으로, WWW의 창시자인 팀 버너스-리가 1998년에 처음 제안했습니다. 이후 웹 3.0에 대한 논의는 시맨틱 웹에서 더 확장되어 '탈중앙화 웹'으로 이어집니다.

기존의 웹 2.0이 블록체인과 결합할 경우 스마트 콘트랙트는 기존 중앙서버 기반의 애플리케이션 동작 방식을 탈중앙화된 형태로 바꿀 수 있으며, IPFS(InterPlanetary File System)는 중앙의 데이터 저장장치를 분산된 형태로 운영할 수 있게 해줍니다. 또한 문서나 파일 등의 위치를 탐색하는 데는 네임코인(Namecoin) 또는 ENS(Ethereum Name Service)와 같은 탈중앙화된 네임 레졸루션(resolution) 서비스가 이용될 수 있으며, 이러한 탈중앙 서비스들이 중앙의 관리 기관 없이도 자발적으로 운영될 수 있게 해주는 원동력은 암호화폐가 제공해줍니다. 더욱이 NFT는 인터넷상에서 생산되고 공유되는 데이터들의 소유권을 분명하게 함으로써 이용자들의 능동적 참여를 더더욱 촉진하고 인터넷의 소유권을 분산시킬 수 있게 해줍니다.

물론 웹 3.0이 단순히 마케팅적 구호이며, 완벽한 인공지능(AI)화 및 탈중앙화를 이루는 것은 현실적으로 쉽지 않다는 부정적인 견해가 있는 것도 사실입니다.[48] 하지만 거대 소수 기업에 의해 독점적으로 운영되고 있는 지금 인터넷의 모습은 반드시 바뀌어야 하며, 이를 가능케 하는 혁신의 중심에 블록체인이 있는 것만은 분명합니다.

 김승주 교수의 NFT 꿀팁

웹 1.0 시대에서 웹 2.0으로 바뀌기까지 상당한 시간이 걸렸듯, 웹 2.0에서 웹 3.0 시대로 전환되는 것 또한 어느 정도의 시간이 필요할 것입니다. 그러나 그 철학에 공감하는 사람들이 늘어나고 블록체인 기술이 계속해서 발전하는 한 그리 불가능한 꿈만은 아닐 것입니다.

NFT의 지향점에는 웹 3.0이 있습니다. 기술이 세상을 빠르게 바꾸고 있는 이 시대에 기술을 직접 개발하지 않는다고 하더라도 각자의 영역에서 필요한 만큼의 기술에 대한 이해가 필수인 세상이 되었습니다. 이 놀라운 웹 3.0의 세계에 여러분들도 자신만의 NFT로 함께 참여해보시면 어떨까요? 낯설음이 주는 두려움에 굴복하거나 회피하지 마십시오. 다만 대부분의 가상자산이 그렇듯 NFT 또한 제도적 장치가 완비되어 있지 않습니다. 그나마 다행인 것은 이러한 문제를 인식한 정부가 각종 가이드라인 제작에 나서는 등 나름 발 빠르게 움직이고 있다는 사실입니다.

6장

NFT로 돈 버는 투자 노하우는 따로 있다

NFT

NFT 질문 TOP 43

대표적인 NFT 거래 플랫폼에는 어떤 것들이 있나요?

이미 인터넷상에는 수십 개의 NFT 거래 플랫폼들이 존재합니다. 이러한 거래 플랫폼들은 '무엇을 파는가? 원작자 및 작품에 대한 검증이 이루어지고 있는가? 암호화폐 외에 다양한 지불 수단을 지원하는가? 중개수수료는 얼마인가?' 등의 기준으로 크게 구분할 수 있습니다.

■ 오픈씨(OpenSea.io)

오픈씨는 NFT 거래소의 선두 주자입니다. 2021년 기준으로 이미 1,550만 개의 NFT가 거래되었으며, 누적 거래액만 3억 5,400만 달러에 이릅니다. 오픈씨는 예술, 비디오, 수집품 및 음악 등 거의 모든 종류의 디지털 작품들을 보유하고 있으며, 가입이 무료이고, 결제 수단으로 150개 이상의 다양한 암호화폐를 지원합니다. 또한 쉬운 UI/UX를 제공하기 때문에 아티스트들이 손쉽게 자신만의 NFT를 제작하고 거래할 수 있습니다. 누구나 작품을 손쉽게 등록할 수 있다는 점이 장점이긴 하나, 반대로 검증 절차가 없어 위법한 방법으로 발행된 스캠 작품들 또한 많다는 것은 해결해야 할 문제입니다.

■ 라리블(Rarible.com)

라리블은 오픈씨와 유사하게 모든 종류의 NFT를 판매하는 이더리움 블록체인 기반의 대규모 거래소입니다. 그러나 오픈씨와는 달리 NFT를 사고 팔려면 자체 암호화폐(토큰)인 라리블(RARI)을 사용해야 합니다. 최근 어도비(Adobe)가 NFT 아티스트들의 디지털 창작품을 보호하기 위해 라리블과 파트너십을 맺어 화제가 되기도 했습니다. 라리블 또한 검증 절차 부재로 스캠 작품들이 판칠 수 있다는 점은 풀어야 할 숙제입니다.

■ 니프티 게이트웨이(NiftyGateway.com)

니프티 게이트웨이에서는 NFT를 '니프티'라고 부릅니다. 고급 NFT 거래 플랫폼을 지향하는 니프티 게이트웨이는 비플(Beeple), 데드마우스(deadmau5), 에미넴(Eminem), 패리스 힐튼(Paris Whitney Hilton), 그림스(Grimes) 등과 같은 유명 디지털아티스트와 유명 셀러브리티, 유명 브랜드의 NFT만을 판매하기 때문에 어느 정도 원작자에 대한 검증은 이루어진다고 볼 수 있습니다. 신용카드로 NFT를 구매할 수 있는 몇 안 되는 거래소 중 하나이며, 판매수수료는 15%로 다소 높은 편입니다.

■ 슈퍼레어(SuperRare.com)

오로지 싱글 에디션 NFT만을 판매하는 슈퍼레어는 다른 마켓플레이스에서 판매되지 않는 독점 디지털아트 NFT만을 판매하는 것으로 유명하며, 그렇기에 NFT를 판매하기 위해서는 슈퍼레어의 자체 심사를 거쳐야만 합니다. 이는 슈퍼레어에 스캠 작품들이 발을 못 붙이게 하는 긍정적인 효과를 낳긴 하지만, 반대로 슈퍼레어가 너무 권력화·중앙화되어 간다는 비난이 나오게 하는 주요 원인이 되기도 합니다. 슈퍼레어에서 NFT 구매를 원하는 사람은 이더리움을 사용해 살 수 있으며, 수수료는 15%로 다소 높은 편입니다. 최근에는 이더리움 블록체인을 기반으로 하는 같은 이름의 자체 암호화폐(토큰)를 발표하기도 했습니다.

■ 파운데이션(Foundation.app)

파운데이션은 누구나 회원으로 가입해 작품을 구매하는 것은 가능하나, 판매를 희망하는 사람은 반드시 기존 회원들에게 초대를 받아야만 하도록 함으로써 부분적으로 원작자 및 작품에 대한 검증을 하고 있습니다. 이처럼 커뮤니티를 통한 큐레이션은 NFT 판매를 더욱 어렵게 하는 요인이 되기도 하지만, 예술품의 질을 일정 수준으로 유지할 수 있게 하는 원동력이 되기도 합니다. 때문에 파운데이션에서는 사용자들의 파운데이션 계정을 각자의 소셜미디어에 연동할 것을 권장하고 있습니다. 판매는 이더리움을 사용해 이루어지며, 수수료는 15%로 높은 편입니다. 2021년 초 문을 연 이후 1억 달러 이상의 NFT를 판매했다고 합니다.

■ NBA 톱숏(NBATopShot.com)

역사적인 NBA 경기 장면을 담은 동영상 NFT를 구입할 수 있는 거래소로, 크립토키티(CryptoKitties) NFT를 개발한 대퍼랩스(Dapper Labs)가 개발해서 화제가 되기도 했습니다. 이더리움 블록체인이 아닌 POS(Proof of Stake: 지분증명) 기반의 플로우(Flow) 블록체인을 이용하며, NFT를 신용카드로 구매할 수 있습니다.

■ 엑시 마켓플레이스(Axie Marketplace)

엑시 마켓플레이스는 P2E 게임인 엑시 인피니티(Axie Infinity)를 위한 NFT 거래소입니다.

 김승주 교수의 NFT 꿀팁

NFT 거래를 처음 시작하시는 분들이라면 고가의 NFT보다는 소액 NFT 위주로 투자의 경험을 쌓는다는 차원에서 접근하시는 것이 좋습니다. 본인의 작품을 직접 민팅해보신다면 더욱 좋구요.

NFT

질문 TOP 44

성공한 NFT의 특징은 무엇인가요?

강의를 하다 보면 수많은 질문을 받게 됩니다. 이 중 가장 많이 나오는 것이 "어떤 NFT 프로젝트가 성공할지를 어떻게 알 수 있을까요?"라는 질문입니다.

NFT의 성공에 있어 가장 중요한 요인은 '커뮤니티(community)'입니다. 여기서 커뮤니티란 일정한 태도와 이해관계를 서로 공유하거나 공통적으로 가진 사람들을 의미합니다.

전통적인 그림 전시회를 생각해보십시오. 전시회에 모습을 드러내는 사람들은 그림을 그린 작가 자신, 동료 예술가 및 친구들과 가족들, 그리고 해당 그림을 감상하기 위해 모인 작가의 팬들과 수집가들일 것입니다. 전시회 기간 동안 이들은 서로 교류하게 될 것이고, 이 작품의 가치를 논하게 될 것이며, 누군가는 그림을 사가기도 할 것입니다. 모인 사람들의 수가 많을수록 누구누구가 전시회에 왔다더라 또는 누가 얼마에 사갔다더라 등등의 소문은 빠르게 퍼져나갈 것이며, 이를 통해 커뮤니티의 규모는 더욱 커지고 공고해지며, 이로써 작품의 가치는 더욱더 높아지게 됩니다.

NFT 성공 비결로 커뮤니티를 꼽는 음악잡지 《롤링스톤》

NFT 작품 또한 마찬가지입니다. 다만 NFT의 경우 이러한 상호작용이 인터넷을 통해 이루어진다는 것만 다를 뿐입니다. 트위터(Twitter)를 통해 사용자들은 서로 답장하고, 리트윗하고, 해시태그를 붙이면서 유행을 주도해갑니다. 디스코드(Discord)를 통해 작가들은 팬들과 토론하고 교류하며 각종 아이디어를 서로 주고받습니다. 그래서 NFT 작품을 구매할 때는 해당 작가 또는 기업이 얼마나 많은 팬들과 탄탄한 팬덤을 구축하고 있는지, 또한 그 팬덤은 얼마나 지속가능한지, 트위터·디스코드·인스타그램(Instagram) 또는 다른 소셜미디어에서 팔로워(follower) 수는 얼마나 되는지, 판매가 개시된 이후부터 지금까지 거래된 횟수는 몇 회이며, 거래자 중 유명 인사는 없었는지 등을 먼저 살펴봐야 합니다. NFT의 디지털 원본은 쉽게 복제할 수 있지만 커뮤니티는 복제할 수 없으며, 이것이 곧 해당 NFT에 가치를 부여하는 것입니다.

두 번째 성공 요인으로는 원본 콘텐츠 자체의 가치를 꼽을 수 있습니다. 아무리 NFT가 원본과 복사본을 구별해주는 힘을 갖고 있다 하더라도, 원본 자체의 가치가 높지 않다면 NFT를 붙인다 한들 큰 의미가 없습니다. 그러므로 원본이 특별한 역사적·문화적 의미를 갖고 있는지, 아니면 뛰어난 작품성 또는 희소성을 갖고 있는지 여부를 따져보는 것은 매우 중요합니다. 실제로 'NFT계의 모나리자'라고도 불리며 고액으로 거래되는 크립토펑크(CryptoPunks)의 경우 가장 초창기의 NFT 프로젝트라는 역사적 의미를 갖고 있습니다.

세 번째는 부가적인 효용성입니다. NFT는 기본적으로 이용자들에게 디지털 자산에 대한 소유권을 부여해줍니다. 하지만 이것 외에 NFT의 보유자만이 참여할 수 있는 부가적인 이벤트에는 어떠한 것들이 있는지 살펴봐야 합니다[이를 유틸리티(utility) 기능이라고도 함]. 예를 들어 NFT에 해당 작가와의 만남이나 채팅을 위한 특별한 권리를 부여할 수도 있고, 전시회나 공연 입장권과 연계할 수도 있습니다.

네 번째로 팀과 로드맵을 확인하셔야 합니다. 과거 성공한 NFT 매매를 기획하고 추진했던 경험이 있는 팀이라면, 그 노하우로 새로운 NFT 프로젝트 또한 성공시킬 확률이 매우 높습니다. 그러므로 NFT를 기획하고 있는 팀원 개개인들의 면모 및 향후 개발 일정을 담고 있는 로드맵을 반드시 확인하시기 바랍니다.

끝으로 기반 블록체인 기술이 무엇인지를 조사하십시오. 블록체인상에 NFT를 민팅하거나 매매할 경우 우리는 추가로 가스 비(gas fee)를 지불해야 합니다. 이 가스 비는 블록체인마다 모두 다르므로, 내가 관심 있어 하는 NFT 작품의 기반 블록체인이 행여 터무니없는 가스 비를 요구하고 있지는 않은지 확인하셔야 합니다.

현재 국내 NFT 시장은 빠르게 성장하고 급속도로 다변화되고 있습니다. 그러다 보니 가격 거품 또한 상당한 것이 현실입니다. 좀 더 현명한 투자, 즉 투기가 아닌 투자가 될 수 있도록 주의가 필요한 시점입니다.

 김승주 교수의 NFT 꿀팁

현재 탄탄한 팬덤을 갖고 있는 NFT 작품이라 할지라도 지속적인 관리가 따라주지 않는다면 해당 팬덤은 쉽게 와해될 수 있습니다. 그러므로 NFT 선택 시 팬덤 관리 전략이 어떻게 되는지를 반드시 확인해보셔야 합니다.

NFT

질문 TOP 45

좋은 NFT와 나쁜 NFT를 평가해주는 곳이 있나요?

앞에서 성공한 NFT들의 특징에 대해 말씀드렸습니다만, 일반인들이 좋은 가상자산과 나쁜 가상자산을 구별하는 것은 쉬운 일이 아닙니다. 특히 NFT는 적정한 가격 책정이 어려운 자산으로 악명이 높습니다. 윤창현 국민의힘 의원실에 따르면 2021년 1~11월 국내 가상자산 범죄 피해액은 3조 87억 원으로, 전년도 피해액(2,136억 원)보다 14배 늘어난 것입니다. 가상자산 범죄 피해액은 2017년 4,674억 원, 2018년 1,693억 원, 2019년 7,638억 원이었다가 2021년 폭증했습니다.

다행스러운 점은 투자 시 판단을 도와주는 여러 사이트들이 인터넷상에 있다는 것입니다. 그중 무료로 이용할 수 있는 대표적인 사이트들을 소개해드리면 다음과 같습니다.

■ 댑레이더(DappRadar.com)

2021년에 가상자산 시장조사업체인 댑레이더에서는 NFT 가치 측정기 (NFT Value Estimator)라는 것을 선보였습니다. 세부 알고리즘이 공개되지는 않았으나 '수요와 공급의 비율: 공급이 얼마나 제한적인가?', '희소성: 같거나 유사한 작품이 얼마나 많이 존재하는가?', '유동성: 해당 NFT를 얼마나 빨리 현금화할 수 있는가?' 등을 종합적으로 고려해 NFT의 가치를 측정하는 것으로 알려져 있습니다.

댑레이더의 NFT 가치 측정기

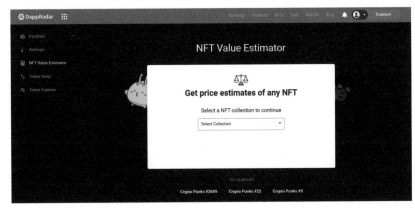

■ 라리티툴즈(Rarity.Tools)

라리티툴즈는 NFT 작품들에 대해 희소성 점수 순으로 순위를 매겨주는 웹사이트입니다.

물론 NFT를 평가할 때 있어서 희소성이 유일한 고려 사항은 아닙니다. 하지만 사용자 친화적인 UI/UX를 제공하며, 공식판매 전에 향후 개설될 프로젝트들을 사전에 검색할 수 있다는 점은 라리티툴즈의 큰 장점이라 할 수 있습니다.

■ 아이시툴즈(Icy.Tools)

초보자들에게 적합한 NFT 분석 도구 중 하나입니다. 1분, 5분, 15분, 30분, 1시간, 12시간, 1일, 1주일, 1달 단위로 판매량 및 판매가격별 NFT 순위를 표시해주고 신규 프로젝트들도 소개해줘 가상자산 동향을 실시간 모니터링하고 새 추세에 대해 더 빠른 결정을 내리게 해줍니다.

■ We're Gonna Make It!(WGMI.io)

WGMI는 NFT 용어로 "우리 모두 성공할 거야(We're Gonna Make It)", 즉 부자가 되는 것을 의미합니다. WGMI는 일부 무료이며, 아이시툴즈와 비슷하나 매우 직관적인 UI/UX를 제공합니다. 유료인 WGMI 프리미엄 멤버

직관적인 UI/UX를 제공하는 WGMI

십(오픈씨에서 구매 가능)은 WGMI의 모든 기능에 대한 액세스를 제공합니다.

여러분들은 WGMI.io 웹사이트에서 다양한 NFT 프로젝트의 최저 가격들을 볼 수 있으며, 그것이 어떻게 변경되었는지를 24시간 단위로 확인할 수 있습니다. 또한 WGMI는 프로젝트의 공식 오픈씨 링크를 찾을 수 있도록 도와주기 때문에, 올바른 프로젝트 링크를 찾을 수 없을 때 매우 유용합니다.

 김승주 교수의 NFT 꿀팁

NFT를 평가하실 때는 특정 사이트에만 의존하시기보다는 여러 사이트의 정보를 토대로 교차 확인하시는 것이 좋습니다.

NFT
질문 TOP 46
NFT 거래 시
주의할 점은 무엇인가요?

NFT를 구매할 때 보통 구매자들은 기본 예술 작품과 그에 수반되는 모든 권리를 취득했다고 생각합니다. 그러나 실제로 NFT란 원본이 저장된 곳의 인터넷 주소만 담고 있을 뿐 실제 파일은 블록체인 외부의 별도 저장매체에 보관되어 있으며, 우리가 구매하는 것은 결국 작품 자체가 아닌 관련 메타데이터입니다.

그렇기에 우리가 NFT를 거래할 때는 주의해야 할 점들이 있습니다. 그중에서 대표적인 몇 가지만 살펴보면 다음과 같습니다.

첫 번째, 우리가 집을 살 때 등기권리증의 주소지에 있는 실제 건물을 직접 찾아가 확인하는 것이 매우 중요하듯, NFT 거래 시에도 NFT 메타데이터(등기권리증에 해당)에 표시된 디지털 콘텐츠 원본을 확인해야 합니다. 이때 건물에 균열이 생기거나 지반이 침하된 곳이 없는지 확인하는 게 중요하듯, 디지털 원본이 중앙집중형 저장매체가 아닌 IPFS와 같은 분산형 저장매체에 저장되었는지 여부를 확인하는 것이 중요합니다.

두 번째, 등기권리증을 매매하는 당사자가 해당 건물의 실제 소유주임을 확인하는 것이 중요하듯, NFT 거래 시에도 거래 당사자가 디지털 콘텐츠 원본의 소유주임을 반드시 확인해야 합니다.

세 번째, 법적 분쟁이 발생할 수 있다는 점에 각별히 유의해야 합니다. 앞서 말했듯 NFT에는 원저작물이 포함되어 있지 않으므로, NFT 거래 자체에서는 저작권 침해가 발생하지 않습니다. 그러나 NFT를 생성하고 이를 블록체인에 등록하는 과정[이른바 민팅(minting)]에서 저작권 침해가 발생할 수

NFT 거래 플랫폼들의 이용약관

A사	회사는 회원에 대하여 완전한 소유권의 이전, 저작권의 실현 등 권리를 보장하지 않습니다. 회사는 회사의 가정 및 관련 법령의 제·개정, NFT 관련 가상자산의 정책 변경 등의 경우 NFT 서비스의 내용을 변경하거나 중단할 수 있습니다. NFT 서비스는 플랫폼 제공 기반 탈중앙화 서비스로서 회사는 외부 플랫폼의 서비스와 작품을 보장하지 않으며, 외부 플랫폼을 통하여 발생한 문제에 대해 책임지지 않습니다.
B사	회원이 서비스를 통해 발행한 NFT에 대한 내용, 목적 등에 대한 보증 및 이행 의무는 회원에게 있으며, 회사는 회원이 발행한 NFT에 대하여 어떠한 보증 및 책임을 지지 않습니다.
C사	이용자는 이용자 자신의 책임에 따라 C사의 서비스를 이용하며, C사의 서비스 이용에 있어서 한 일체의 행위 및 그 결과에 대한 책임을 져야 합니다.

출처: 이투데이, 각 사 이용약관

있습니다.

우선 오프라인 저작물을 무단으로 '디지털화'해 웹사이트(인터넷)에 '전송'하는 경우에 복제권 및 전송권 침해에 해딩될 수 있습니다. 또한 작가명을 저작자가 아닌 타인으로 기재해 판매하는 경우 저작인격권 침해 문제가 발생할 수 있으며, 이를 구매해 이용한 자도 의도치 않게 저작권 분쟁에 휘말릴 수 있습니다.

더욱이 NFT 거래를 법적으로 유효한 소유권 이전 계약으로 볼 수 있는지조차도 모호하며, 법적 문제 발생 시 NFT 거래 플랫폼 사업자에게 어디까지 그 책임을 물을 수 있는가에 대한 논쟁도 있습니다. NFT 거래 플랫폼들의 불공정약관 또한 문제입니다.

재판매권(추급권, resale royalty)이 인정될지 여부도 중요 이슈입니다. NFT의 기반이 되는 블록체인 기술은 거래의 추적을 용이하게 하며, 이는 곧 미술 작품이 재판매될 때마다 작가에게 일정 부분 수익을 지급하는 추급권을 실현 가능하게 합니다. 그러나 유럽연합(EU) 등 80여 개 국가에서 이미 도입한 재판매권에 대해 우리나라에서는 기술적 어려움 등을 이유로 아직 법적 권리로 인정하지 않고 있습니다.

끝으로, NFT가 원본과 복사본을 구별 가능하게 해주는 것은 사실이나, 원본에 대한 무단 복제 자체를 막아주지는 못한다는 것을 반드시 알아야 합니다.

바야흐로 지금은 NFT 전성시대입니다. 그러나 현재의 NFT 시장에는 과도한 거품이 끼어 있는 것도 사실입니다. NFT를 본 적도 없고 이해하지도 못한 상태에서 단지 크게 한몫 벌 수 있다는 생각으로 돈이 몰려들고 있습니다. 실제로 2021년 3월 291만 달러(약 36억 원)에 팔리며 NFT 시장의 붐을 알린 트위터 창업자 잭 도시의 세계 첫 트윗("Just setting up my twttr")에 대한 NFT의 경우, 1년이 지나 다시 경매장에 등장한 지금 4월 현재 최고 입찰가는 3만 달러 수준에 불과합니다. 가격이 99% 가까이 폭락한 것입니다. 투기가 아닌 투자가 되기 위해 NFT에 대한 좀 더 정확한 이해와 공부가 필요한 시점입니다.

 김승주 교수의 NFT 꿀팁

유명 디지털아티스트나 유명 셀러브리티, 혹은 싱글 에디션 NFT만을 판매하는 거래소의 경우 법적 분쟁이 일어나지 않도록 여러 가지 검증을 사용자 대신 수행해주는 편입니다. 하지만 이런 NFT의 경우 가격이 비싸, 일반인이 이용하기는 쉽지 않습니다. 오픈씨 같은 보다 대중적인 NFT 거래소를 이용하시는 경우 기본적인 책임은 이용자가 진다는 점을 명심하고 주의하셔야 합니다.

NFT↑

NFT 구매자의 신원은 기밀로 유지되나요?

데이비드 차움(David Chaum) 박사가 최초로 제안한 전자화폐는 본디 사용자의 익명성을 보장하기 위해 만들어졌습니다. 때문에 본질적으로 같은 기술을 사용하는 NFT 또한 익명성이 보장됩니다.

블록체인상에는 NFT가 옮겨간 전자지갑의 주소만 남을 뿐, 해당 전자지갑의 실소유주가 누군지는 알 수 있는 방법이 없습니다. 게다가 NFT 구매 시 대금 지불 또한 암호화폐로 이루어지므로 거래를 추적하는 일은 더욱 어렵습니다.[49]

NFT를 다른 전자지갑에 전송하는 순서

① NFT 거래 플랫폼에서 자신의 계정으로 로그인한 후 송신하려는 NFT를 선택하고 전송(Send) 버튼을 클릭합니다.
② 수신인의 전자지갑 주소를 입력합니다.
③ 거래 수수료를 지불합니다.
④ 이더스캔(Etherscan.io)에서 NFT의 소유권이 해당 주소로 이전된 것을 확인합니다.

그러나 이러한 익명성은 세금 탈루나 마약거래에 악용되는 부작용을 낳기에 세계 각국은 가상자산 사업자(VASP: Virtual Asset Service Provider)들로 하여금 가상자산의 자금세탁방지(AML: Anti Money Laundering) 의무를 이행토록 하는 법안을 속속 만들고 있으며, 국내에서는 '특정 금융거래정보의 보고 및 이용 등에 관한 법률(이른바 특금법)'이 이에 해당합니다.

특금법에 따르면 모든 가상자산 사업자는 금융실명제와 같이 고객의 신원을 확인(KYC: Know Your Customer)해야 하며, 범죄 및 테러 지원 여부 등 관련 금융위험을 방지하고자 자금의 출처 및 그 용도를 확인(AML: Anti Money Laundering)해야 합니다. 또한 가상자산이 어디서 오고 어디로 가는지 파악하기 위해 사업자는 가상자산을 전송할 때 전송하는 사람(송신인)과 전송을 받는 사람(수취인)의 신원 정보를 파악해 금융당국에 보고(Travel Rule)해야 합니다.[50]

물론 NFT가 현행 특금법상 가상자산에 해당하는지 여부는 아직 명확하지 않습니다. 다만 금융당국은 2021년 11월 보도자료를 통해 "NFT는 일반적으로 가상자산이 아니며, 다만 결제·투자 등의 수단으로 사용될 때 해당될 수 있다"고만 답변한 상태입니다. 한국금융연구원의 보고서에서도 "모든 NFT를 가상자산으로 볼 수 없으며 그렇기에 특금법으로 일괄 규제하기엔 어려움이 있다"고 밝히고 있습니다.

NFT는 어찌 되었든 거래의 속성을 갖고 있는 만큼 불법적인 요소에 활용될 가능성이 있으며, 이에 금융감독당국이 주시하는 것은 당연합니다. 하지만 현재 국내 NFT 시장은 가상자산 거래소와 게임사가 뛰어들면서 급속도로 다변화되고 있습니다. 정부의 한 템포 빠른 정책 결정이 필요한 시점이라 하겠습니다.

 김승주 교수의 NFT 꿀팁

익명성이 보장되는 가상자산의 경우 원소유주의 신원 확인 자체가 불가능하기 때문에 개인키 분실 시 이를 복구할 방법이 전혀 없습니다. 때문에 키의 안전한 관리가 무엇보다 중요한데요, 이를 위해 시중의 가상자산 수탁(custody) 서비스를 이용하실 수도 있겠으나 이 경우 익명성 보장이 안 된다는 단점이 있습니다.

NFT

질문 TOP 48

NFT도 가상자산으로 분류되어 규제의 대상이 될까요?

NFT를 가상자산으로 볼 것인지 말 것인지에 대해서는 많은 이견이 있습니다.

실제로 지난 2021년 10월 개정된 국제자금세탁방지기구(FATF: Financial Action Task Force)의 가이드라인(Updated Guidance for A Risk-Based Approach - Virtual Assets and Virtual Asset Service Providers)에서는 '기본적으로 NFT를 기존의 암호화폐와는 구별되는 것으로 간주한다'고 명시하고 있습니다만, 다음과 같이 경우에 따라 다양하게 해석할 수 있는 여지 또한 두고 있습니다.

교환이 불가능한 독특한 디지털 자산, 그리고 결제나 투자 상품이 아닌 수집품으로서 사용되는 디지털 자산은 NFT 또는 암호수집품(crypto-collectibles)으로 지칭될 수 있다. 이러한 자산들은 그 성격상 일반적으로 FATF 정의에 따른 가상자산으로 간주되지는 않는다. 그러나 어떻게 불리는지와는 상관없이 필요한 경우 언제든 FATF 가이드라인의 적용을 받을 수 있기 때문에 어떤 용어(혹은 마케팅 용어)가 사용되는지는 중요하지 않으며, NFT의 성격과 그 실질적인 기능을 고려하는 것이 중요하다. 그러므로 NFT의 경우 실제로 지급 또는 투자 목적으로 사용될 경우에는 FATF가 규정하는 가상자산의 정의에 해당될 수도 있다.

(중략)

가상자산 세계가 빠르게 진화하고 있다는 점을 고려할 때 이러한 기능적 접근법은 NFT 및 기타 유사한 디지털 자산을 규정하는 데 특히 적합하다. 따라서 각 국가들은 사례별(case-by-case)로 NFT에 FATF 가이드라인을 적용해야 한다.

또한 가이드라인에서는 다음의 내용 또한 언급하고 있습니다.

가상자산의 정의를 충족하지 않는다고 해서 FATF 가이드라인의 적용 범위를 벗어난다고 가정해서는 안 된다. 그 대신에 증권, 상품, 파생상품 또는 법정통화와 같은 다른 종류의 금융자산에 해당될 수도 있다.

자금세탁방지 국제기구(FATF) 가이드라인

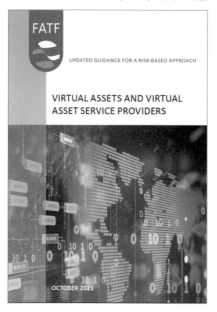

　이쯤 되면 이 글을 읽고 계신 독자분들 중에는 "그래서 대체 뭐라는 거야? 알아서 하라는 거야? 너무 무책임하잖아!"라며 불만을 토로하시는 분들도 계실 것입니다.

　네, 충분히 그렇게 생각하실 수 있습니다. 하지만 이렇듯 가상자산에 대한 정의는 한 가지로 단정 짓기가 매우 힘든 것이 사실이며, 그렇기에 산업 활성화와 소비자 보호라는 2가지 측면을 동시에 추진하는 것 또한 매우 어려운 분야입니다.

　그렇기 때문에 대중의 인기에 영합해 아무 말 대잔치식의 공약이나 정책을 남발하는 것은 곤란하며, 적어도 둘 중 우선순위를 정하는 것은 필요하다는 지적이 있는 것입니다. 금융정보분석원에 따르면 2021년 하반기 기준 국내 가상자산 시가총액(거래소별 코인 가치)은 55조 2천억 원을 기록했습니다. 2022년 글로벌 가상자산 시가총액은 1조 8,020억 달러(약 2,206조 원)에 달할 전망입니다. 게다가 주요국 중앙은행까지 속속 블록체인 기반의 CBDC 발행을 검토하고 있습니다. 기업 성장에 기여하는 '주식 투자'와 투기성이 강한 '가상자산 투자'를 동일 선상에 놓고 볼 것이냐를 고민하는 정부의 입장도 이해는 가지만, 좀 더 신속하고 현명하고 세밀한 정부의 핀셋 정책 마련이 요구된다고 하겠습니다.

 김승주 교수의 NFT 꿀팁

가상자산과 같이 이해 당사자들 간의 입장이 복잡하게 얽혀 있는 사안에 대해서는 모든 현안들을 동시에 고려하는 것이 매우 어려운바, 우선순위를 정하는 것이 필요하며 이때 최우선순위는 산업 활성화보다는 이용자 보호가 되어야 할 것입니다. 또한 답은 항상 시장이 알고 있기 때문에 네거티브 규제, 즉 민간 자율규제를 기반으로 하는 정책을 펴야 합니다. 다만 자율에는 항상 책임이 따르는 만큼, 사고 발생 시 사업자에게 강력한 손해배상의 책임을 물을 수 있는 대책도 병행되어야 할 것입니다.

NFT 창작자의 진위 확인은 어떻게 하나요?

파리협약(Paris Convention)에 따라 저작권은 창작과 동시에 창작자에게 귀속됩니다. 그러나 블록체인 기술을 활용하는 사람들은 종종 익명성을 보장받기를 원하므로, 사용자가 소유권을 증명하기 위해 지갑과 거래 기록을 공개해야 하는 저작권 및 기타 지적 재산권 보호를 제대로 시행하는 것이 쉽지 않습니다. 때문에 NFT 거래 시 원작자의 동의가 없는 작품이 거래되어 피해를 보는 경우가 생기곤 합니다.

실제로 마케팅솔루션기업 워너비인터내셔널은 이중섭, 박수근, 김환기 등 국내 미술계 3대 거장의 작품을 NFT로 발행하려다가 저작권에 대한 협의가 없었다는 유족의 반발로 취소했습니다.

외국도 예외는 아닙니다. 2022년 2월 3일자 로이터(Reuters) 통신에 따르면 나이키는 리셀(resell, 재판매) 플랫폼 스탁엑스(StockX)가 나이키 NFT를 자사의 동의를 받지 않고 판매했다며 소송을 제기했다고 합니다. 2022년 1월에는 프랑스의 명품 브랜드 에르메스(Hermès)가 자사의 '버킨 백(Birkin bag)' 상품과 유사한 모양의 '가상 버킨 백'을 판매한 디지털 아티스트를 상대로 소송을 걸기도 했습니다.

스탁엑스의 나이키 NFT 판매

출처: 스탁엑스 홈페이지

이렇게 원작자의 동의 없이 남의 작품 원본을 도용해 NFT로 만들어 판매하는 사람들을 일컬어 '페이크 민터(fake minter)'라고 합니다. 페이크 민터는 원저작자인 작가에게만 피해를 끼치는 것이 아니라 NFT를 산 구매자에게까지 피해를 입힌다는 점에서 반드시 근절되어야 합니다. 더욱이 NFT 거래는 전 세계적으로 이뤄지는 탓에 피해 발생 시 현실적으로 법적 구제가 매우 어렵다는 문제도 있습니다.

사실 크리스티(Christie) 같은 대형 경매회사나 니프티 게이트웨이

(NiftyGateway.com), 슈퍼레어(SuperRare.com) 등에서는 이러한 확인을 제법 꼼꼼하게 해줍니다. 반면 대부분의 영세 회사들의 경우에는 전적으로 구매자의 책임으로 돌리는 경우가 많습니다.

그나마 다행인 점은 이러한 문제를 인식한 우리나라의 문화체육관광부가 저작권자의 동의 없이 만든 NFT가 거래되는 것을 방지하기 위해 'NFT 거래 관련 종합 가이드라인'을 마련중에 있다는 것입니다. 일반적으로 NFT의 창작 과정은 오프라인 콘텐츠를 사진이나 동영상으로 촬영해 업로드하거나 오프라인 콘텐츠를 디지털상에서 재창조하거나 처음부터 온라인상에서 제작된 콘텐츠로 나뉩니다.

문화체육관광부가 마련할 가이드라인에는 각 단계별로 소유권자, 저작권자, 저작재산권자, NFT 이용 허락을 받은 자, 저작자로부터 저작권을 양도 혹은 상속받은 자 등 권리 주체를 구분하는 내용이 담길 예정이며, 이밖에 복제전송권, 재판매권 등 NFT에 포함된 권리 종류도 명시될 전망이라고 합니다. 더욱이 정부는 가이드라인 발표 후에 본격적으로 NFT 저작권 침해 현황을 조사할 방침이며, 만약 위법 사안이 드러나면 검찰에 통보할 계획이라고 합니다.

특허청 또한 최근 'NFT-지식재산전문가협의체'를 발족해 정책연구용역에 착수했으며, 공정거래위원회에서는 메타버스, NFT 등을 활용한 신유형 디지털콘텐츠 거래에서의 소비자보호장치 작동여부를 점검하겠다고 발표하기도 했습니다.

하지만 제대로 된 법적·제도적 장치가 마련되기까지는 앞으로도 상당한 시간이 걸릴 것이기 때문에, NFT 구매자들은 판매자의 신원과 이력, 판매 회사의 피해 보상과 관련한 약관 등을 꼼꼼하게 확인하는 습관을 반드시 가져야 하겠습니다.

　최근 개발자가 NFT 프로젝트를 갑자기 중단하고 투자금을 들고 사라지는 사례들이 많이 발생하고 있습니다. 이런 사기를 전문 용어로 러그 풀(Rug Pull, 양탄자를 갑자기 잡아당겨 사람들을 넘어뜨린다는 뜻)이라고 부릅니다. 그러므로 실제로 동작하는 프로그램이 눈앞에 나타나기 전까지는 NFT 게임, 혹은 코인에 투자하는 것은 조심하십시오. 또한 적지 않은 NFT 게임 프로젝트가 게임을 출시하기 전에 코인부터 '에어드랍(Airdrop)'합니다. 에어드랍이란 새로 발행되는 토큰 또는 코인을 이용자에게 무료로 주는 것을 뜻합니다. 모든 에어드랍이 그렇지는 않으나, 일단 공짜 코인을 퍼준다면 일단 의심하십시오.

　세상에 공짜 점심은 없습니다. 내 몸은 내가 지키는 것이 우선입니다.

 김승주 교수의 NFT 꿀팁

NFT 매매 시 단순히 유행을 좇아 모르는 작가의 작품을 덜컥 구입하시기보다는 좀 더 시간을 두고 해당 작가의 평판, 기존에 판매된 작품 이력 등을 꼼꼼히 확인하신 후 구매하시는 게 좋습니다.

일반인들은 NFT로 무엇을 할 수 있을까요?

'세포마켓(cell market)'이란 용어가 있습니다. 세포마켓이란 1인 마켓을 뜻하는 것으로, 인스타그램(Instagram)이나 지금은 메타(Meta)로 이름이 바뀐 페이스북(Facebook) 같은 SNS를 바탕으로 혼자 물건을 만들어 파는 판매자와 이를 구매하는 소비자를 말합니다. 즉 기업에서 대량으로 만들어 파는 기성품을 일방적으로 소비하는 것이 아니라 원한다면 누구나 생산자가 될 수 있는 시장을 가리키는 단어입니다.

소프트웨어 분야도 예외는 아닙니다. 2007년 1월 9일 스티브 잡스(Steve Jobs) 전 애플 최고경영자(CEO)는 미국 샌프란시스코에서 열린 맥월드 행사에서 아이폰을 처음으로 대중 앞에 선보였습니다. 이때 애플은 앱스토어(App Store)라는 새로운 형태의 소프트웨어 세포마켓을 선보였는데요, 예전에는 자신이 만든 소프트웨어를 상품으로 판매하고 싶어 하는 사람들은 소프트웨어 개발회사에 프로그래머로 취직해서 소속된 회사 이름으로 소프트웨어를 만들어 판매해야 했습니다. 그러나 앱스토어가 등장하면서 프로그래머들은 더 이상 회사에 취직할 필요가 없어졌습니다. 1인 소프트웨어 개발자 전성시대가 열린 것입니다.

대표적인 사례가 마인크래프트(Minecraft)입니다. 마르쿠스 페르손(Markus Persson)이 혼자 개발한 마인크래프트는 앱스토어를 통해 유통되었으며, 2019년 누적 판매량 1억 7,600만 장을 기록하며 테트리스를 제치고 단일 게임 역대 최다 판매량을 달성했습니다. 2020년 5월에는 2억 장을 넘겨 새로운 기록을 세우기도 했습니다.

이제 예술 분야에서도 이러한 움직임이 감지되고 있으니, 그것이 바로 NFT 거래소입니다. NFT가 등장하면서 예술 분야를 시작으로 다른 모든 디지털 분야에서 1인 창작자 시대가 확산되고 있습니다.

과거에는 창작자들이 자신의 작품을 팔려면 갤러리(gallery, 미술시장에서 작가의 작품을 구매하고 전시·판매하는 곳. 다른 말로 화랑이라고도 함)를 통해야만 가능했습니다. 창작자들이 아닌 갤러리가 이른바 문화 권력을 공고하게 잡고 있었던 것입니다.

그러나 NFT가 등장하면서 상황이 바뀌었습니다. 아마추어든 프로든 창작자는 누구나 자신의 작품에 NFT를 붙이고 이를 NFT 거래소에 내놓음으로써 상품화할 수 있게 되었습니다. 그 대상도 디지털 그림, 음악, 음식 조리법 등에 이르기까지 다양합니다.

과거에는 조잡했던 유튜브(YouTube) 동영상들이 이제는 공중파 방송과도 겨룰 수 있을 만큼 품질이 좋아졌고, 과거에는 단순한 기능의 소프트웨어들만 가득했던 앱스토어에 지금은 어떤 전문회사의 소프트웨어들과 비교해도 떨어지지 않는 양질의 소프트웨어가 넘치듯, NFT 거래소 또한 머지않아 다양하고 높은 수준의 창작품들로 가득 차게 될 것입니다. 누구나 손쉽게 본인의 지식재산(IP: Intellectual Property)을 상품화할 수 있는 IP 세포마켓의 시대가 열린 것입니다.

제 강의에서 한 분이 이런 질문을 하신 적이 있습니다. "저 같은 가정주부나 일반인들은 NFT로 과연 무엇을 할 수 있을까요?" 혼자만 알고 계신 영양식 조리법이라든가, 동네를 거닐다가 우연히 찍게 된 멋진 풍경 사진, 어느 카페에서 갑자기 생각나 우연히 쓰게 된 시 한 편, 이 모든 것들이 NFT

웹 3.0과 크리에이터 이코노미(Creator Economy)

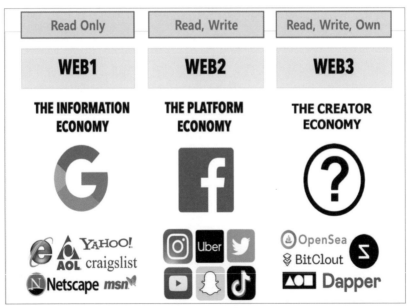

출처: @rex_woodbury

240

의 대상이 될 수 있습니다. 미래는 이미 와 있습니다. 코로나19 팬데믹 이후 모든 산업의 불확실성이 커졌지만, 우리가 지금 4차 산업혁명으로의 흐름을 소극적으로 거부하느냐 아니면 적극적으로 수용하느냐의 경계선에 서 있는 것만은 분명합니다.

"최선을 다한 투자가 최고의 투자"란 말이 있습니다. 모르고 투자하는 것은 투자를 안 하는 것보다 훨씬 나쁩니다. 여러분들도 이 놀라운 '크리에이터 이코노미(Creator Economy 혹은 Ownership Economy)'의 세계에 참여해보지 않으시겠습니까? 물론 이 책으로 충실히 공부해 보신 다음에 말입니다.

 김승주 교수의 NFT 꿀팁

웹 3.0의 시대가 실제로 올지에 대해서는 그 누구도 확신할 수 없습니다. 하지만 앱스토어의 성공 또한 대다수가 예측하지 못했던 것이 사실입니다. 지금 현재 도전을 망설이는 분들께 체조선수 시몬 바일스(Simone Biles)의 명언을 상기시켜 드리고 싶습니다. "나는 시도하지 않고 놓친 기회를 후회하기보다는 감수했다가 결과가 좋지 않았던 리스크를 후회하기로 했다."

블록체인에 사용되는 암호기술에는 어떤 것들이 있나요?

NFT

블록체인을 활용한 암호화폐 및 NFT에서 주로 사용되는 암호기술은 타원곡선 공개키 암호(elliptic curve public-key cryptography), 전자서명(digital signature), 해시함수(hash function) 등입니다. 부록에서는 이들 암호기술에 대해 간략히 알아보는 시간을 갖겠습니다.

일반적으로 암호(cryptography)란 '전송되는 중요 정보의 불법적인 노출을 방지하기 위해 정보를 제3자가 해독 불가능한 형태로 변형하거나, 암호화된 통신문을 해독 가능한 형태로 다시 복원하기 위한 원리, 수단, 방법 등을 취급하는 기술 또는 과학'을 말하며, 그 어원은 그리스어의 비밀(secret)이란 뜻을 가진 'kryptos'와 글쓰기(writing)란 뜻을 가진 'graphos'의 합성어입니다.

과거 오랫동안 암호는 국가의 전유물이었습니다. 암호는 군사·외교 등의 안보 분야에서나 쓰이는 기밀 유지를 위한 수단이었으므로 당연히 암호가 어떻게 만들어지는지는 국가의 1급 비밀이었고, 암호를 만들고 해독하는 국가 간의 경쟁 또한 첩보원들의 정보전쟁 양상을 띠었습니다.

기원전 487년경, 그리스의 도시국가 스파르타에서 파견된 첩자는 동맹국인 페르시아의 배신을 감지하고 이를 암호화해 자국에 알렸으며, 로마의

황제 줄리어스 시저(Gaius Julius Caesar) 역시 암살 음모를 알리는 내용의 암호로 된 편지를 가족들로부터 전달받았습니다. 20세기에 들어와, 제1차 세계대전 당시 독일의 여성 첩보원 마타 하리(Mata Hari)는 자신이 빼낸 기밀을 악보 암호를 사용해 본국에 전달함으로써 약 20만 명에 달하는 프랑스군을 죽음에 이르게 했으며, 제2차 세계대전에서는 미국이 독일의 암호문을 해독한 것이 전쟁을 승리로 이끄는 실마리가 되었습니다. 또한 9·11 테러에서도 오사마 빈 라덴(Osama bin Laden)은 그의 테러조직 알카에다(Al-Queda)에게 정보를 전달하기 위해 스테가노그래피(steganography)라는 암호를 사용한 것으로 알려져 있습니다.

하지만 데이터가 곧바로 재산이 되는 정보화 사회가 급속히 진전되면서, 과거 군사적인 용도로만 사용되었던 암호는 놀랍게도 우리가 알지 못하는 사이에 매우 일상적인 형태로 우리의 삶에 녹아들었습니다. 일례로 인터넷 쇼핑몰에서 물건 구매를 위해 신용카드 번호를 입력하면 그 번호는 우리가 모르는 사이에 모두 암호문으로 바뀌어 전달됩니다. 또한 위성방송의 경우, 방송사가 방송전파를 암호화해 전송하면 사전에 키(key, 일종의 비밀번호)를 발급받은 유료 사용자만이 암호화된 방송전파를 시청 가능한 형태로 복호화해 시청하게 됩니다.

세계 최초의 표준 암호인 미국의 DES

DES(Data Encryption Standard) 이전의 암호는 대체로 사람의 손이나 기계적 장치를 이용한 것인 반면, DES는 처음부터 컴퓨터에서 사용하는 것을 전제로 만들어졌습니다. 사실 기존의 수동적·기계적 암호화 방법들은 대부분 컴퓨터를 이용한 해독이 가능해져서 이를 극복할 수 있는 새로운 암호 방식이 요구되었습니다. 이와 더불어 인터넷을 통한 금융거래가 활발해지면서 일반인의 암호에 대한 수요가 증가하게 되었는데, 이에 1974년 미 상무성(DOC: Department of Commerce) 산하 국립표준기술연구소(NIST: National Institute of Standards and Technology)는 IBM과 함께 DES 개발에 착수했고, 3년 후인 1977년에 미국 연방 정부의 표준 암호(NBS FIPS PUB 46)로 채택되어 일반에게 공개됩니다.

그 후 DES는 컴퓨터 프로그램(예를 들어 UNIX의 crypt() 명령)이나 IC 칩으로 만들어져 금융 분야를 중심으로 폭넓게 사용되기 시작했으며, 세계 주요 결제 네트워크에서의 표준 암호로 정착되었습니다.

새로운 패러다임인 공개키 암호의 탄생

정보화 시대의 암호는 군사·외교용 암호와는 달리 불특정 다수 사이에서 이용됩니다. 즉 기존에는 특정한 사람(아군)끼리의 비밀 정보 교환을 위해 암호통신이 이용된 데 반해, 현대사회로 접어들면서는 인터넷 쇼핑몰에서와 같이 불특정 다수의 일반소비자를 대상으로 한 암호통신이 이루어지게 된 것입니다.

그런데 기존의 DES 같은 이른바 '대칭키 암호 방식(對稱키 暗號 方式, symmetric key cryptosystem)'에서는 비밀통신을 하고자 하는 쌍방이 사전에 미리 똑같은 키 값을 비밀리에 나눠 갖고 있어야 하는 문제가 있습니다. 즉 대칭키 암호 방식의 문제는 송신자가 어떻게 해서든 키를 사전에 수신자에게 비밀리에 보내야 한다는 점인데, 이 경우 키를 운반하는 심부름꾼이 도

중에 붙잡히거나 매수당할 수도 있고 혹은 협박을 당할 수도 있게 됩니다. 설사 사전에 같은 키 값을 안전하게 공유하는 것이 기술적으로 가능하다 하더라도, 이러한 일을 일면식도 없는 사람과 하기란 쉽지가 않습니다.

이러한 문제를 해결하고자 개발된 것이 공개키 암호 방식(公開키 暗號 方式, public key cryptosystem) 또는 비대칭키 암호 방식(非對稱키 暗號 方式, asymmetric key cryptosystem)이라고 부르는 기술입니다. 공개키 암호는 키 공유를 하기 위한 별도의 심부름꾼이 필요 없는 혁신적인 암호 방식으로, 1976년에 미국의 디피(Whitfield Diffie)와 헬만(Martin E. Hellman)에 의해 처음으로 개념이 발표된 이래 많은 연구가 이루어져 왔습니다.

공개키 암호 방식이란 일상생활에서 흔히 보는 '맹꽁이 자물쇠(padlock)'를 암호에 적용한 것입니다. 맹꽁이 자물쇠는 누구든 채울 수는 있지만 열 때는 반드시 키가 있어야 합니다.

만약 컴퓨터에서 사용할 수 있는 전자적인 형태의 맹꽁이 자물쇠가 있다면, 비밀통신을 원하는 사람은 상자에 비밀 메시지를 넣고 상대방의 자물쇠[공개키 암호에서는 이를 '공개키(public key)'라고 함]를 채워 보내면 됩니다. 이때 잠겨 있는 맹꽁이 자물쇠를 열어 상자 속의 메시지를 꺼낼 수 있는 이는 키[이를 '개인키(private key)'라고 함]를 가진 사람뿐이므로, 다른 사람은 메시지의 내용을 알 수 없습니다. 즉 자신의 전자 자물쇠를 전화번호부 같은 곳[이를 '공개 디렉토리(public directory)'라고 함]에 공개해서 사람들에게 알려 줄 수만 있으면, 사전에 심부름꾼을 통해 키를 공유하지 않고도 암호통신이 가능해진 것입니다.

최초의 공개키 암호인 RSA의 탄생

불행하게도 디피와 헬만은 공개키 암호의 개념만을 제시했을 뿐 구체적으로 그것을 컴퓨터상에서 어떻게 구현해낼지에 대해서는 답을 찾지 못했습니다. 즉 맹꽁이 자물쇠를 소프트웨어로 구현해내는 방법을 찾아내지는 못한 것입니다.

그로부터 2년 후인 1978년 MIT에서 최초의 공개키 암호인 RSA가 탄생합니다. RSA 공개키 암호는 페르마(Pierre de Fermat)의 소정리(小定理, little theorem)를 응용해 만든 암호 방식으로, 개발자인 '로날드 리베스트(Ronald L. Rivest)', '애디 샤미르(Adi Shamir)'와 '레오나르드 에이들먼(Leonard M. Adleman)'의 머리글자를 따서 RSA라고 불립니다. RSA는 지난 1978년 발표된 이래 지금까지 세계에서 가장 오랫동안 안전성을 검증받아온 공개키 암호 방식이며, 인터넷 전반에서 가장 폭넓게 활용되고 있습니다. 참고로 RSA는 1983년 9월 29일에 특허를 받았으며(미국 특허번호 4,405,829), 17년 후인 2000년에 특허가 만기되었습니다.

타원곡선 공개키 암호의 등장

타원곡선암호는 타원곡선 이론에 기반한 공개키 암호 방식으로, 1985년에 워싱턴대학교의 수학교수인 닐 코블리츠(Neal Koblitz)와 IBM연구소의 빅터 밀러(Victor Miller)에 의해 고안되었습니다. 타원곡선암호의 가장 큰 장점은 RSA 공개키 암호보다 짧은 키 길이와 빠른 연산속도를 가지면서도 동일한 수준의 보안 강도를 제공한다는 점입니다. 그래서 교통카드와 같은 스마트카드, 스마트폰, 블록체인 등에서 많이 활용됩니다.

전자서명이란 무엇인가?

전통사회에서 상거래 시 본인을 확인시켜주고 거래행위를 법적으로 보호받기 위한 수단이 인감(도장)이었다면, 인터넷을 기반으로 한 디지털사회에서는 디지털 인감, 즉 전자서명(digital signature)이 그 역할을 대신하고 있습니다. 전자서명이란 전자문서를 작성한 자의 신원과 전자문서의 위·변조 여부를 확인할 수 있도록 하는 디지털 정보로, 실생활의 도장 날인이나 서명과 유사한 개념입니다.

흔히들 전자서명의 가장 일반적인 예로 전자펜을 이용한 그래픽 기반의 서명 방식을 떠올릴 것입니다. 그러나 이는 포토샵 등을 통한 복제가 쉬우며, 시각에 의존해 진위여부를 판단하기 때문에 안전성·신뢰성 측면에서 많은 취약점을 가지고 있습니다.

RSA나 타원곡선암호와 같은 공개키 암호 방식은 안전한 전자서명을 만드는 데도 활용될 수 있습니다. 공개키 암호를 이용하면 전자서명을 생성한 자가 해당 전자문서를 본인이 작성했다는 사실 및 작성 내용이 송·수신과정에서 위·변조되지 않았음을 쉽게 입증할 수 있습니다. 또한 작성자가 추후 본인의 서명 사실을 부인할 수 없도록 함으로써 법적 분쟁 발생 시에도 도움을 줍니다. 이러한 공개키 기반의 전자서명(정확히는 타원곡선 공개키 암호에 기반한 전자서명)은 암호화폐나 NFT를 타인에게 전송할 때 활용됩니다. 마치 인터넷 뱅킹을 통한 계좌 이체 시에 공인인증서 기반의 전자서명을 이용하는 것처럼 말입니다.

1 중국 인민은행의 'e-CNY 연구 개발 작업반'이 2021년 7월에 공개한 보고서인 '중국 e-CNY의 연구 개발 현황(Progress of Research & Development of e-CNY in China)'에서는 정확히 다음과 같이 기술하고 있습니다 : "e-CNY는 '소액 결제에는 익명성, 고액 결제에는 추적 가능'이라는 원칙에 입각해 개인정보 및 프라이버시 보호에 큰 비중을 두고 있다.(e-CNY follows the principle of 'anonymity for small value and traceable for high value,' and attaches great importance to protecting personal information and privacy.)"

2 예를 들면 보안 메신저, 파일 암호화 제품 같은 것들이 있습니다.

3 '키 복구(키 復舊, key recovery) 정책', 혹은 '데이터 복구(data recovery) 정책'이라고도 합니다. 사실 우리나라에서도 과거 정보통신부가 이러한 정책을 검토했던 적이 있습니다.

4 이를 '허가형 블록체인(permissioned blockchain)'이라고 합니다.

5 이를 '레이어-2 확장성 솔루션'이라고 합니다.

6 2017~2018년 사이에 비트코인 투자 열풍이 확산되고, 중국을 중심으로 공장식 채굴이 이뤄지면서 완료 시점이 2032년으로 앞당겨질 것이라는 의견도 있습니다.

7 물론 '이 처리 수수료만으로 채굴자들에게 충분한 보상이 되겠는가'에 대해서는 여러 이견들이 있습니다.

8 이를 'Permanent Linear Supply Growth Model'이라고 합니다.

9 암호화폐 보유자는 암호화폐 전자지갑의 개인키를 분실하거나 지갑 세부 정보를 공유하지 않고 사망하는 등의 이유로 암호화폐에 대한 액세스 권한을 잃을 수 있습니다. 실제로 암호화폐 분석 회사 체이널리시스(Chainalysis)의 2020년 6월 연구 ('60% of Bitcoin is Held Long Term as Digital Gold. What About the Rest?')에 따르면 이미 발행된 비트코인의 최대 20%가 영구적으로 손실될 수 있다고 합니다.

10 오라클(oracle) 문제: 블록체인상에 한 번 기록된 정보는 기록한 당사자라 할지라도 수정 및 삭제가 불가능하기 때문에 신뢰성 확보가 중요한 곳에 아주 요긴하게 사용될 수 있습니다. 그러나 실수건 고의건 간에 처음부터 블록체인상에 잘못된 허위정보가 기록된다면 이는 일반적인 경우보다 상황을 훨씬 더 악화시킬 수 있습니다. 이렇듯 블록체인상에 처음부터 잘못된 정보가 기록되어 수정이 불가능한 상태로 계속 확산되어가는 문제를 '최초 1마일 문제' 혹은 '오라클 문제'라고 합니다. 그러나 오라클 문제를 해결하는 것은 그리 간단하지가 않습니다. 입력된 값을 블록체인에 기록하기 전에 투표를 통해서 값의 정확성을 검증한다거나, 입력을 여러 곳으로부터 받아 평균값을 선택한다거나, 아니면 현실 세계와 블록체인 사이에서 신뢰할 수 있는 데이터를 제공해주는 중간자를 둔다거나, 신뢰실행환경(TEE: Trusted Execution Environment) 기술을 이용한다거나 등의 다양한 방법들이 연

구되고 있지만 아직 확실한 해결책은 존재하지 않습니다.

11 이를 '암호화폐 텀블러 서비스(cryptocurrency tumbler service)' 또는 '암호화폐 믹싱 서비스(cryptocurrency mixing service)'라고 합니다.

12 또는 '비대칭키 암호(asymmetric key cryptosystem)'라고도 합니다.

13 소인수 분해 문제: 주어진 합성수(合成數)를 소수(素數)의 곱의 꼴로 바꾸는 것을 말합니다. 예를 들어 525는 '525 = 3×5×5×7'로 소인수 분해됩니다.

14 이산 대수 문제: 10을 제곱한 후 소수 47로 나머지 연산을 수행하면 결과는 6이 됩니다. 즉 '10^2 mod 47 = 100 mod 47 = 6'에서 10을 밑으로 할 때 2를 6의 이산 대수라고 합니다. 이산 대수 문제란 10과 47, 6을 알려준 상태에서 이산 대수 2를 구하라는 문제입니다.

15 또는 '대칭키 암호(symmetric key cryptosystem)'라고도 합니다.

16 금본위제도(gold standard)는 금을 담보로 화폐나 통화를 교환하는 시스템을 말합니다. 이러한 금본위제는 제1차 세계대전 중 주요 교전국들이 인플레이션 금융에 의존함에 따라 무너졌다가 금태환제(gold exchange standard)로 복원됩니다. 금태환제는 미국을 제외한 다른 국가에서는 국제 무역에서 미국 달러로 결제하는 반면, 미국 정부는 금 1온스당 35달러의 고정 비율로 다른 중앙은행의 달러 보유량을 금으로 상환할 것을 약속한 제도입니다. 그러나 지속되는 미국의 국제수지 적자는 미국의 금 보유고를 꾸준히 감소시켰고, 이는 미국이 금으로 통화를 상환할 수 있는 능력에 대한 신뢰를 감소시켰습니다. 마침내 1971년 8월 15일 리처드 M. 닉슨 대통령은 미국이 더 이상 통화를 금으로 교환하지 않을 것이라고 발표했습니다. 이를 닉슨 쇼크(Nixon Shock)라고 합니다. 이후 자메이카 킹스턴에서 개최된 회의를 통해 세계는 변동환율제도를 국제통화시스템의 근간으로 받아들이고(단, 과도한 환율 조작은 금지), SDR(Special Drawing Rights, 특별인출권, 이른바 Paper Gold)을 금을 대신

하는 새로운 본원화폐로 받아들이는 킹스턴체제에 합의하게 됩니다.

17 buybitcoinworldwide.com/how-many-bitcoin-users/ 참조

18 이외에 확장성 솔루션으로 샤딩(sharding)이란 것이 있습니다. 하지만 샤딩은 레이어-1 블록체인 자체를 용도별로 여러 개의 작은 조각으로 나누어 분산 저장·관리한다는 면에서 레이어-1 솔루션으로 분류해야 합니다.

19 사이드체인(sidechain)은 종종 오프체인과 혼동되어 잘못 사용되기도 합니다. 사이드체인은 여러 실험적인 기능들을 (많은 사람들이 사용하고 있는) 비트코인 블록체인상에서 직접 구현해보는 것은 매우 위험할 수 있기 때문에, 별도의 체인을 만들어 수행하자는 취지로 개발되었습니다. 사이드체인의 구현을 위해서는 양방향 페그(2-way peg) 기술이 활용되는데, 이는 원 블록체인[(메인체인(main chain)]과 사이드체인 간에 안전하게 가상자산(암호화폐 등)을 이동할 수 있게끔 하는 기술입니다. 그렇기에 사이드체인은 확장성 솔루션이(scalability solution)라기보다는 상호운용성 솔루션(interoperability solution)이라고 봐야 하는 것이 맞습니다. 물론 사이드체인상에서 작업증명(PoW)이나 지분증명(PoS)이 아닌 훨씬 더 속도가 빠른 다른 형태의 합의 방식을 구동시킴으로써 원 블록체인의 속도를 향상시키는 것도 가능합니다.

20 사토시 나카모토라는 미상의 작가가 2008년 10월에 인터넷에 공개한 논문 「비트코인: 개인과 개인 간의 전자화폐 시스템(Bitcoin: A Peer-to-Peer Electronic Cash System)」 또한 백서의 일종입니다. 이 논문은 다음 사이트를 통해 다운로드받을 수 있습니다 : bitcoin.org/bitcoin.pdf

21 여기서 ERC는 Ethereum Request for Comment의 약자이며, 20은 제안 식별자 번호입니다. 이외에 BEP-20 및 TRC-20 표준도 있습니다. BEP-20은 바이낸스 스마트 체인(Binance Smart Chain)에서 동작하는 토큰을 구현하기 위한 표준이며, TRC-20은 트론 블록체인(TRON blockchain)상에서 실행되는 토큰을 만들기 위

한 표준입니다.

22 ERC-20에는 모든 이더리움 기반 토큰이 따라야 하는 6가지 필수 기능과 3가지 선택 기능이 정의되어 있습니다. 6가지 필수 기능들은 다음과 같습니다 :

- totalSupply: 토큰의 총공급량을 정의합니다. 이 한도에 도달하면 스마트 콘트랙트는 새로운 토큰의 생성을 거부합니다.
- balanceOf: 해당 주소의 전자지갑이 가지고 있는 토큰의 수를 반환합니다.
- transfer: 총공급량에서 일정량의 토큰을 가져와 사용자에게 줍니다.
- transferFrom: 사용자 간에 토큰을 전송하는 데 사용되는 또 다른 유형의 전송 방법입니다.
- approve: 총공급량을 고려해 스마트 콘트랙트가 사용자에게 일정량의 토큰을 할당할 수 있는지 여부를 확인해줍니다.
- allowance: 한 사용자가 다른 사용자에게 일정량의 토큰을 보낼 수 있는 충분한 잔액이 있는지 확인하는 것을 제외하고는 approve와 완전히 동일합니다.

23 미술 작품이 재판매될 때마다 작가에게 일정 부분 수익을 지급하는 것을 '추급권 제도(resale royalty)'라고 합니다. 유럽은 이미 추급권 제도를 실시하고 있고, 한-EU FTA를 체결할 때에도 우리나라에게 추급권 도입을 요구하기도 했었습니다. 하지만 당시 미술품 유통을 추적할 수 있는 시스템이 없었던 우리나라에서는 시기상조라는 의견이 많아 도입되지 못했습니다.

24 이 당시는 아직 NFT 표준으로 널리 알려진 ERC-721이 나오기 이전입니다.

25 다음 사이트에서 크립토펑크 소유자들을 확인할 수 있습니다 : larvalabs.com/cryptopunks/leaderboard

26 아트앤가이드를 운영하는 열매컴퍼니는 NFT 기술을 활용한 조각 투자의 성장성을 인정받아 최근 대형 게임업체 위메이드의 블록체인 자회사 위메이드트리의

전략적 투자를 받기도 했습니다.

27 메타마스크는 크롬 웹브라우저 플러그인으로 웹브라우저에서 지갑에 바로 접근할 수 있어서 접근성이 우수하고, 웹브라우저 내에 개인키 등이 저장 및 보관되며, 본인이 기억하는 비밀번호로 계좌에 접근할 수 있기 때문에 다른 지갑에 비해 편리하게 사용할 수 있습니다.

28 참고로 깃(Git)과 깃허브(Github)는 조금 다른데, 깃은 로컬 저장소에서의 소스코드 관리에 사용되는 버전관리시스템을 말하며, 깃허브는 깃의 기능을 확장해 클라우드 환경에서 여러 사람이 공동으로 작업하고 버전을 관리하도록 한 시스템을 일컫습니다.

29 디지털 콘텐츠는 무한히 반복해 사용해도 품질의 저하가 발생하지 않고, 수정과 복사가 용이하며, 인터넷을 통해 대용량의 콘텐츠를 순식간에 전송할 수 있는 기술적 특성을 지니고 있습니다. 이러한 특성은 디지털 콘텐츠의 용이한 배포 및 손쉬운 접근환경을 제공함으로써 누구든지 쉽게 콘텐츠를 이용할 수 있도록 하는 순기능을 제공하기도 하지만, 콘텐츠의 불법복제로 인해 지적재산권자들의 권익을 심각하게 위협받게 하는 등 사회적인 역기능의 주요 원인이 되기도 합니다. DRM 기술은 이러한 불법복제와 지적재산권 침해 위협으로부터 디지털 콘텐츠를 보호하기 위해 개발되었습니다. 예를 들어 DRM 소프트웨어는 미디어 파일의 무단 복사, 전달 또는 편집을 방지할 수 있습니다.

30 간혹 언론사에서 "NFT 원본 이미지가 해킹으로 대거 유출되었다"는 내용의 기사를 내곤 하는데, 이는 잘못된 오보입니다.

31 금융정보, 개인정보를 빼내기 위해 은행, 공공기관, 거래소 등의 홈페이지와 유사하게 모방해 만든 가짜 사이트를 말합니다.

32 메일을 읽어 본 사람을 속여서 개인정보를 탈취하거나 돈을 뜯어내는 피해를 주

는 메일을 지칭합니다. 여기서 스캠(scam)은 카지노에서 상대를 속이기 위한 사기 수법을 일컫습니다.

33 정확히 해커들은 90분 동안 325개의 전자지갑에서 22억 원 어치의 암호화폐를 빼내갔습니다.

34 서울에서 부산으로 차를 운전해서 간다면, GPS 앱은 도로 조건과 교통 정체, 운전자의 유료 도로 선택 여부 등의 정보를 활용해 최적의 경로를 결정합니다. BGP는 서로 다른 인터넷 서비스 제공자(ISP: Internet Service Provider) 간에 이러한 경로를 설정하기 위해 사용되는 것으로, 끊임없이 업데이트되는 인터넷 내비게이션과도 같습니다.

35 ERC는 EIP의 특정 유형이라고 볼 수 있습니다. EIP는 Standard Track EIP, Informational EIP, Meta EIP의 3가지로 구분되어지는데, ERC는 여기서 Standard Track EIP에 해당됩니다.

36 2020년에 암호화폐 채굴의 75% 이상이 중국에서 발생했습니다. 중국은 채굴 작업의 40%를 석탄 연료를 이용해 수행하기 때문에 '높은 온실 가스 배출을 유발한다'는 비난에 시달려왔습니다.

37 합의를 도출하기 위해 인터넷 투표가 이용됩니다. 투표권은 개인이 보유하고 있는 '거버넌스 토큰(governance token)'의 수에 비례해 결정되며, 자신의 투표권을 타인에게 양도하는 것도 가능합니다. 이때 블록체인의 특성상 DAO의 구성원이 많아지면 아무래도 처리 속도 지연 문제가 발생할 수밖에 없습니다. 그러나 이더리움 등 많은 주요 암호화폐들이 현재 처리 속도 개선을 위해 노력하고 있기에 이러한 문제는 곧 해결될 것으로 보입니다.

38 이더리움(ETH)과 이더리움 클래식(ETC)의 관계는 비트코인(BTC)과 비트코인 캐시(BCH)의 관계와 유사하다고 보면 됩니다.

39 아베(Aave)의 창업자인 스타니 쿨레초프(Stani Kulechov)는 이것을 '머니 레고(Money Lego)'라고 명명하면서, "디파이는 기존 상품 위에 새로운 상품과 도구를 구축할 수 있기 때문에 전체 생태계가 하나의 머니 레고 시스템으로 통합되고 있다"고 평가하기도 했습니다. 그러나 이러한 코드 복사를 통한 머니 레고 시스템이 장점만 있는 것은 아닙니다. 복사한 코드에 오류가 있는 경우 이 문제가 그대로 다른 서비스에도 복제되기 때문에 위험성이 2배, 3배로 늘어난다는 단점이 있습니다. 만약 디파이 생태계가 지금보다 훨씬 더 커지고 코드들이 서로 복잡하게 얽혀 있는 상황에서 사고가 발생한다면, 그 효과가 연관된 모든 금융 서비스들로 파급되기 때문에 그 피해액은 상상을 초월하게 될 수 있습니다. 마치 2008년 서브프라임 모기지 사태 때의 연쇄 금융 붕괴 현상처럼 말입니다.

40 이자 농사는 '유동성 채굴'이라고도 불립니다.

41 디파이 시장의 예치금액이 급격히 늘어난 것은 실제 서비스의 수요가 늘었다기보다는 해당 서비스들이 발행하는 거버넌스 토큰을 받기 위해 이른바 '이자 농사'를 위한 목적이 훨씬 크다는 비판도 만만치 않습니다. 거버넌스 토큰은 애초 의사결정을 위해 만들어진 도구인데, 의사결정에는 관심 없고 단기 이익만 추구하는 사람들이 너 나 할 것 없이 뛰어들면서 자산 증식의 수단으로 변질되고 있다는 것입니다. 이더리움을 만든 천재 개발자 비탈릭 부테린 또한 "전통 금융시장에서 누릴 수 있는 이율에 비해 지나치게 높은 디파이의 이율은 본질적으로 단기 재정거래의 기회이자 아직 직면하지 않은 리스크를 갖고 있다"고 경고하기도 했습니다.

42 최근 경제협력개발기구(OECD) 산하 국제자금세탁방지기구(FATF: Financial Action Task Force)는 디파이 서비스 기능에 영향을 미치는 개발자, 운영자, 소유자 등은 모두 가상자산사업자(VASP: Virtual Asset Service Provider)로 해석될 수 있다는 지침을 내놨습니다. 또한 이 지침은 디파이 서비스에 대해 사람들이 중개자 없이 거래, 대

출 등을 할 수 있도록 설계되었다고 하더라도 댑(DApp, 탈중앙화 앱) 개발팀이 투자자와 사용자들에게 프로젝트 관련 거버넌스 토큰을 판매하거나 배포하면 개발팀이 자금세탁방지(AML: Anti Money Laundering)에 대한 책임이 있다고 규정하고 있습니다. 그러나 아직까지는 뚜렷한 디파이를 규제하는 제도권에서의 법은 없는 실정입니다.

43 오더북은 '온체인(on-chain) 오더북'과 '오프체인(off-chain) 오더북'으로 나눌 수 있습니다. 온체인 오더북에서는 주문과 거래의 모든 정보가 블록체인에 기록됩니다. 기록된 거래는 영구적으로 제거할 수 없습니다만, 처리 속도가 느리다는 단점이 있습니다. 오프체인 오더북에서는 각 거래 관련 정보가 블록체인 외부에 기록됩니다. 이때 모든 거래는 중개자인 제3자가 대행해줍니다.

44 이 수학 공식을 만드는 데는 게임이론 및 인센티브이론 등이 활용되며, 가상자산 거래소에 따라 달라질 수 있습니다.

45 저자들은 2017년 6월 23일부터 2021년 4월 27일 사이에 주로 이더리움과 WAX 블록체인에서 얻은 470만 개 NFT와 관련된 610만 건의 거래 데이터를 분석했습니다.

46 한국프롭테크포럼 자료에 따르면 2018년 26개에 불과했던 프롭테크 기업 숫자는 2021년 284개로 10배 가까이 늘어났다고 합니다.

47 최근 팀 버너스-리는 WWW의 원본 소스코드를 NFT 경매에 붙여 화제가 되기도 했습니다.

48 이러한 반론을 펴는 대표적인 거물 CEO가 트위터의 창업주인 잭 도시(Jack Dorsey)입니다. 잭 도시는 "웹 3.0의 성공이 결국 벤처 투자자들만 성공시킬 것이고, 플랫폼 사용자들의 이익은 미미할 것"이라고 주장합니다. 하지만 웹 3.0 옹호론자들은 "잭 도시는 웹 2.0 시대의 산물인 트위터라는 거대 플랫폼을 통해 부를 축적한

인물이다. 또한 암호화폐 옹호론자가 아닌 비트코인 옹호론자일 뿐이기에 잭 도시는 이더리움 기반의 스마트 콘트랙트와 NFT가 중심이 될 웹 3.0 시대를 반기지 않는다"고 말하고 있습니다.

49 대포통장도 하나의 통장을 여러 번 반복해서 사용할 경우 사용 패턴이 드러나면서 꼬리가 밟히게 되듯 비트코인이나 NFT의 전자지갑 계좌도 마찬가지로 추적당할 수 있습니다. 실제로 2017년 4월에 발표된 「가상화폐 및 디지털 포렌식과의 상관성(Virtual Currencies and their Relevance to Digital Forensics)」이라는 논문에 따르면, 약 40%의 비트코인 사용자들은 추적이 가능하다고 합니다.

50 물론 이외에도 특금법에서는 각종 해킹 위협으로부터 안전한지 여부를 확인하기 위해 가상자산 사업자로 하여금 정보보호관리체계(ISMS: Information Security Management System) 인증을 받을 것을 의무화하고 있습니다.

■ 독자 여러분의 소중한 원고를 기다립니다

메이트북스는 독자 여러분의 소중한 원고를 기다리고 있습니다. 집필을 끝냈거나 집필중인 원고가 있으신 분은 khg0109@hanmail.net으로 원고의 간단한 기획의도와 개요, 연락처 등과 함께 보내주시면 최대한 빨리 검토한 후에 연락드리겠습니다. 머뭇거리지 마시고 언제라도 메이트북스의 문을 두드리시면 반갑게 맞이하겠습니다.

■ 메이트북스 SNS는 보물창고입니다

메이트북스 홈페이지 matebooks.co.kr

홈페이지에 회원가입을 하시면 신속한 도서정보 및 출간도서에는 없는 미공개 원고를 보실 수 있습니다.

메이트북스 유튜브 bit.ly/2qXrcUb

활발하게 업로드되는 저자의 인터뷰, 책 소개 동영상을 통해 책에서는 접할 수 없었던 입체적인 정보들을 경험하실 수 있습니다.

메이트북스 블로그 blog.naver.com/1n1media

1분 전문가 칼럼, 화제의 책, 화제의 동영상 등 독자 여러분을 위해 다양한 콘텐츠를 매일 올리고 있습니다.

메이트북스 네이버 포스트 post.naver.com/1n1media

도서 내용을 재구성해 만든 블로그형, 카드뉴스형 포스트를 통해 유익하고 통찰력 있는 정보들을 경험하실 수 있습니다.

STEP 1. 네이버 검색창 옆의 카메라 모양 아이콘을 누르세요.   STEP 2. 스마트렌즈를 통해 각 QR코드를 스캔하시면 됩니다.
STEP 3. 팝업창을 누르시면 메이트북스의 SNS가 나옵니다.